“十三五”江苏省高等学校重点教材
高等院校“互联网+”系列精品教材

质量管理体系与认证
（第2版）

主编　姚铃丽
副主编　钱胤嘉　仲倩
主审　蒯燕敏

扫一扫看本课程内容介绍

電子工業出版社
Publishing House of Electronics Industry
北京·BEIJING

内 容 简 介

本书编写团队覆盖“行”“企”“校”三方，立足质量管理人才岗位技能需求，面向已通过认证和未来有认证需求的企业设置质量审核和体系认证两条主线，全面介绍2015版ISO 9000族标准的核心内容，并以任务驱动的方式组织学习。为方便读者理解本课程内容，全书充分挖掘企业资源，大量案例均来自于企业的真实审核过程，任务内容贴近岗位实际，具有很强的实用性和适用性。

全书共分为6个学习情境：学习情境1引导读者了解质量强国战略的内涵和背景、当前质量对中国发展的重要性及质量管理体系基础；学习情境2围绕ISO 9000标准介绍七项基本原则和常用术语；学习情境3围绕ISO 9001质量管理体系要求详细解读标准条款，并讲解标准在审核中如何应用；学习情境4围绕ISO 19011标准详细讲解审核方案、审核计划、检查表等审核准备工作；学习情境5将前4个学习情境的内容在质量审核中进行应用，规范审核流程，讲解审核要领；学习情境6将前4个学习情境的内容在体系认证中进行应用，帮助学习者完成体系认证与构建。本书采用活页式形式，内容注重实践能力的培养，读者可根据需求灵活选择相应部分进行学习。

本书为高等职业本专科院校质量管理、体系认证相关课程的教材，也可作为开放大学、成人教育、自学考试、中职学校以及企业培训的教材。

全书提供大量的微课视频、电子教学课件等资源，读者可扫一扫书中二维码阅览或下载，随扫随学，激发自主学习兴趣，有助于开展高效率教学。

图书在版编目（CIP）数据

质量管理体系与认证 / 姚铃丽主编. —2版. —北京：电子工业出版社，2023.12
高等院校“互联网+”系列精品教材
ISBN 978-7-121-47024-0

Ⅰ. ①质… Ⅱ. ①姚… Ⅲ. ①质量管理体系－认证－高等学校－教材 Ⅳ. ①F273.2

中国国家版本馆CIP数据核字（2024）第012104号

责任编辑：陈健德（E-mail:chenjd@phei.com.cn）
文字编辑：赵　娜
印　　刷：三河市良远印务有限公司
装　　订：三河市良远印务有限公司
出版发行：电子工业出版社
　　　　　北京市海淀区万寿路173信箱　邮编　100036
开　　本：787×1 092　1/16　印张：11.25　字数：288千字
版　　次：2017年8月第1版
　　　　　2023年12月第2版
印　　次：2025年7月第4次印刷
定　　价：52.00元

凡所购买电子工业出版社图书有缺损问题，请向购买书店调换。若书店售缺，请与本社发行部联系，联系及邮购电话：（010）88254888，88258888。

质量投诉请发邮件至zlts@phei.com.cn，盗版侵权举报请发邮件至dbqq@phei.com.cn。

本书咨询联系方式：chenjd@phei.com.cn。

第 2 版前言

本书自 2017 年出版第 1 版以来，作为应用型本科及高职院校的质量管理、体系认证相关课程的教材，受到同行们的一致认可，教材以丰富的案例、全面的信息化资源，帮助学习者理解质量审核的意义及流程，掌握体系认证与构建的方法。

本书在第 1 版的基础上进行修订，在质量管理体系概述、原则及术语部分增加了更多场景和案例，在后面的质量审核及体系认证部分以工作任务展开实践过程，强调学生主动参与、教师指导引领，实现“教、学、做”一体化。任务内容设计注重学生的应用能力培养和职业素质的养成，符合当代大学生的学习特点。在本次修订后，每个学习情境给出“教”和“学”的目标及重难点、建议教学方法和学时。主要的学习任务通过学习情境描述、问题引导、学习目标、相关知识点、评价反馈等环节展开，使学习者在完成工作的过程中掌握知识技能，提升职业素养。所有教学内容与 CCAA 内部审核员考试衔接，符合课证融通式评价体系。

修订后的教材增加了更多的微课视频等资源，实现了纸质教材+数字资源的完美结合，体现“互联网+”新形态一体化教材的理念。

本书由姚铃丽任主编，钱胤嘉、仲倩任副主编，编写分工如下：钱胤嘉编写学习情境 6，仲倩编写学习情境 2，姚铃丽编写学习情境 1 和 3，仇妍睿编写学习情境 4，姚铃丽、吴文伶编写学习情境 5。全书由姚铃丽负责统稿，由中国质量认证中心蒯燕敏进行主审。参加本书数字化教学资源制作的有姚铃丽、刘媛媛、袁楠楠、钱丽英。

在本书的编写过程中，得到中国质量认证中心、中认南信检测技术有限公司很多专家的指导和帮助，在此表示感谢！同时查阅和参考了众多文献资料，在此向这些文献作者致以诚挚的谢意。也感谢使用此书的同行和读者，书中如有不妥恳请批评指正！

为了方便教师教学，本书配有微课视频、电子教学课件、案例素材、思政资源等，请有此需要的教师扫一扫书中的二维码阅览或下载，也可登录华信教育资源网（http://www.hxedu.com.cn）注册后下载相应资源，有问题时请在网站留言或与电子工业出版社联系（E-mail:hxedu@phei.com.cn）。

编　者

扫一扫下载本课程电子教学课件

目　录

学习情境 1

质量管理体系概述

<table>
<tr><td rowspan="4">教</td><td>本章节重点</td><td>1. ISO 9000 族标准构成。
2. ISO 9000 族标准的特点</td></tr>
<tr><td>本章节难点</td><td>产品认证和体系认证的区别和关系</td></tr>
<tr><td>建议教授方法</td><td>1. 以讲授法、讨论法为主，分析质量对中国制造业发展的重要性。
2. 采用案例分析法，让学生理解 ISO 9000 对企业的帮助。
3. 给出框架，让学生了解课程的内容与 ISO 9000 族标准的关系</td></tr>
<tr><td>建议学时</td><td>2 学时</td></tr>
<tr><td rowspan="2">学</td><td>推荐学习方法</td><td>1. 通过微课和教师讲授了解质量的重要性和体系架构的意义。
2. 结合小组讨论，理清课程后期学习思路，使学生产生学习兴趣</td></tr>
<tr><td>学习目标</td><td>1. 掌握 ISO 9000 族标准的内容和本课程的关系。
2. 了解质量强国战略。
3. 了解中国质量发展历程</td></tr>
</table>

扫一扫看本学习情景电子教学课件

学习任务 1-1 “质量强国”之国家战略

扫一扫看微课视频：大国质量

学习情境描述

“国家强，则质量必须强。经济社会又好又快发展，必须好字当头，质量第一”。

——质量强国战略

质量强国战略在 2011 年元月召开的“全国质检工作会议”上首次被明确提出，2011 年全国“两会”期间，代表委员们围绕学习温家宝总理政府工作报告的讨论，再次聚焦“质量强国”这一热点话题，许多代表委员的谏言，不仅令人深思，而且已然在全社会形成共识。

学习目标

（1）了解质量强国战略的内容和提出背景。

（2）正确理解质量强国与自身所学专业的关系。

（3）思考作为高职院校学生能为质量强国做出什么样的贡献。

？ 问题引导 1：质量强国战略的内容是什么？____

____。

？ 问题引导 2：作为高职院校的学生，我能在未来的工作中为质量强国做什么？______

____。

学习情境的相关知识点

知识点 1：质量强国战略提出的背景

质量是大国与强国的分水岭，质量是经济含金量的试金石，质量是国际汇率走向的风向标，质量是发展方式转变的晴雨表，质量是技术、管理和技能综合效能的计量仪。《质量发展纲要（2011—2020 年）》鲜明指出：“质量发展是兴国之道、强国之策”。《中国制造 2025》提出：坚持“创新驱动、质量为先、绿色发展、结构优化、人才为本”的基本方针。“供给侧改革”的根本就是改变“低端供给过剩、中高端供给不足”，要以提高发展质量和效益为中心。李克强总理在之前的政府工作报告中，专门强调质量工作，要求加快建设质量强国。

知识点 2：质量强国战略提出的内容

质量强国战略是全方位国家实力的体现，在实体经济发展中，质量是资源配置、科技创新、生产质量、消费质量、管理能力等因素的外化，是国家硬实力的体现；质量也是价值理念、文化观念、制度环境、分配机制等因素的外化，是国家软实力的展现。

质量强国作为社会主义现代化强国目标之一，是百年大计，是经济社会领域全方位提升质量的重要体现。习近平总书记在十九大报告中指出，当前中国面临的主要矛盾是人民日益增长的美好生活需要和不平衡不充分的发展之间的矛盾。解决这一矛盾的一个突破点，是坚持高质量发展，实施质量强国战略，实现中国创造，叫响民族品牌。质量强国战略体现在经济、政治、文化、社会、生态等领域全方位的质量提升与发展。

“一个企业普通员工也许不掌握先进的技术，但却可以拥有熟练的技能，创造出有较高收益的高质量产品”。接受《瞭望》新闻周刊记者采访时，武汉大学质量发展战略研究院院长程虹表示，在各种经济发展的要素中，质量是最具一般性的要素，也是各种投入要素的综合体现。“只要始终把握住质量这一根本要素，一国的经济就可以持续性地增长，一个落后的国家就可以持续不断地走在发展前列。”

梳理中外当代史，质量提升是世界强国崛起的因素之一。质量强国中的“强国”展现的是国际视野，是与世界上更发达国家横向比较，在经济社会发展质量、人民群众生活质量等方面达到发达国家水平，进入世界前列；纵向来看，就是要加快新旧动能转换，提升质量发展水平，促进我国经济迈向中高端水平。

质量强国突出表现在以下两方面：一是产品、工程和服务等领域的质量明显提升，质量问题得到有效治理，高附加值和优质服务供给比重大幅提高，人民对质量的需要得到很好满足；二是质量竞争力强，质量综合实力进入世界前列，中国制造、中国服务在国际社会成为高质量的典范，拥有一批国际知名和核心竞争力强的质量品牌。

促进我国经济迈向中高端，质量是贯穿五大发展理念的重要抓手。

以质量推动创新发展，推动质量理论、制度、技术、文化的创新，为质量进步提供不竭动力和源泉。

以质量推动协调发展，大力提升中西部地区、广大农村地区质量水平，解决区域之间、城乡之间质量发展不平衡不充分的突出问题，推动一二三产之间及产业内的协调发展、融合发展问题。

以质量推动绿色发展，顺应当今时代科技革命和产业变革的方向，夯实质量基础设施，充分运用质量技术、质量手段，建设资源节约型、环境友好型社会。

以质量推动开放发展，提高对外开放的质量和发展的内外联动性，对标国际先进标准，补齐我国质量发展短板，对接“一带一路”倡议，推动中国优势、优质产能输出，提升“中国质量”整体形象。

以质量推动共享发展，全面提升农产品质量、消费品质量、建筑质量、城乡区域公共服务质量等，使改革发展的成果特别是质量成果惠及广大人民。

知识点 3：质量强国战略提出的必然性

实施质量强国战略是我国由制造大国向制造强国转变的必然选择。我国质量整体水平的提高滞后于经济规模的增长。主要原因是企业提升质量的内在动力不足，自主创新和品牌创建能力不强，原创性产品和技术不多，生产和使用中资源能源消耗大、环境污染严重，质量安全事故时有发生，制约质量创新和发展的深层次矛盾仍然存在。

实施质量强国战略是国家强大的必由之路。在现代国际经济发展史上，质量在大国崛起中扮演着重大的推进作用。欧美发达国家的实践表明，在社会经济进入快速发展的关键时期，在加快发展速度的同时，必须解决发展质量的问题，必须把质量摆在重要的战略位置来抓。

实施质量强国战略的条件基本成熟。经过改革开放以来 30 余年的发展，尤其是《质量振兴纲要（1996—2010 年）》实施以来，我国已具备了实施质量强国战略的基础条件，迎来了历史性的机遇。

学习任务 1-2 中国近代质量发展历程

学习情境描述

"物勒工名，以考其诚，工有不当，必行其罪，以穷其情"。

——中国《唐律疏议》

人类社会的质量活动可以追溯到远古时代，伴随着社会生产力和商品交换的发展而变得日益重要。山河为证、岁月为名，1949—2019 年，是中国共产党团结带领全国各族人民，砥砺奋进、顽强拼搏，创造"中国奇迹"的 70 年。伴随着共和国砥砺前行的脚步，中国制造、中国工程、中国质量也走过了风云激荡的 70 年。

学习目标

（1）了解新中国质量发展历程。

（2）能说出中国当前所处质量阶段。

? 问题引导 1：在中国质量变迁的四个阶段里，有哪些典型代表事件？____。

? 问题引导 2：你的身边有哪些事情让你感受到中国质量是在迅猛发展的？____。

知识点 1：新中国质量发展 70 年

新中国质量发展经历了 4 个阶段：1978—1988 年为质量工作全面起步阶段；1988—1996 年为质量工作深化阶段；1996—2008 年为质量工作提高阶段；2008—2018 年为质量工作迈向高质量发展阶段。

随着中国特色社会主义进入新时代，我国经济发展也进入了新时代，由高速增长阶段转向高质量发展阶段。

1）全面质量工作得益于改革开放

改革开放初期，中国社会的主要矛盾是人民日益增长的物质文化需要同落后的社会生产力之间的矛盾。迫在眉睫、刻不容缓的是要大力发展生产力，尽快把"蛋糕"做大，改变缺衣少食，连火柴、肥皂都要凭票供应的短缺经济状况。

1978 年 12 月，党的十一届三中全会召开，确定实施改革开放政策，当时称作 TQC（Total Quality Control）的全面质量管理被引入中国。

十一届三中全会后，国门逐渐打开，思想获得解放，全面质量管理有组织、有领导地在全国推行开来。1979 年 8 月第一次召开质量管理小组代表会议。在这次会议上，中国质量管理协会成立，成为中国全面推行质量管理的里程碑。

原国家经贸委决定在全国开展"质量月"活动后，每年的 9 月，全国各地根据统一主题开展"质量月"活动，大张旗鼓地宣传"质量第一"的思想，树立"生产优质品光荣、生产劣质品可耻"的社会风尚。

1980 年 3 月，原国家经委颁发了《工业企业全面质量管理暂行办法》，标志着全面质量管理在全国普遍推广运行。

1984 年《中共中央关于经济体制改革的决定》公布，企业自主权加大，政府对市场放松了绝对控制，由于市场经济极不健全，几乎所有产品都供不应求，假冒伪劣产品也层出不穷。一些国有企业放松管理，质量出现波动，甚至造假制劣。

1985 年，青岛电冰箱总厂（海尔的前身）收到一位用户反馈：工厂生产的电冰箱有质量问题。初任厂长张瑞敏突击检查仓库，发现库存不多的电冰箱中有 76 台不合格。张瑞敏当即决定，在全厂职工面前，将 76 台电冰箱全部砸毁。张瑞敏带头砸毁 76 台有质量问题的冰箱，唤醒了工人的质量意识，成为中国质量发展史上的标志性事件。

图 1-1 怒砸有质量问题冰箱示意图片

1986 年，原国家经贸委对当时的 8200 家全民所有制大中型工业企业提出“八条基本要求”，从企业推行全面质量管理的实际条件出发，以生产过程的质量控制和完成基础工作为基本要求，把建立产品质量保证体系作为重点。

1987 年，浙江杭州武林门广场上，5000 多双假冒劣质皮鞋被就地焚烧，这一把大火烧醒了大家的质量意识。

1988 年，国务院成立国家技术监督局，专门从技术领域管理质量工作，质量工作的宏观管理还由原国家经贸委负责。

2）质量振兴成为国家重大方略

20 世纪 80 年代中期至 90 年代初，“质量否决权”很有中国特色，在企业中广泛推行。

当时“质量否决权”也的确取得了一定的成效，以至在国家标准 GB/T 10300.5—88 中就增加了“质量考核”的内容并明确规定“在质量考核中要实行质量否决权”。但是，质量考核或“质量否决权”，实际上只是一种行政手段，一旦进入市场经济领域往往就失效了。

在经济转轨的过程中，假冒伪劣成为一大社会问题，其数量之大、品种之多、范围之广，是人们始料不及的。1990 年以来，国务院领导提出“铁腕抓质量”方针，分别对制售伪劣卷烟、白酒、药品、农资、汽配、洗化用品、通信器材重拳出击。

20 世纪 90 年代初期发起的“中国质量万里行”活动开启了舆论监督质量的先河，质量舆论监督形成空前广泛的社会影响。自 1992 年以来，围绕打假扶优、规范市场、引导消费、服务企业等方面开展活动。尤其在打击假冒伪劣、开展新闻舆论监督方面发挥了重要作用，揭露了一大批制假售假案件，扶持了一大批品牌企业和名优产品。

为加强对产品质量的监督管理、提高产品质量水平、明确产品质量责任、保护消费者的合法权益、维护社会经济秩序，1993 年 2 月 22 日第七届全国人民代表大会常务委员会第三十次会议通过《中华人民共和国产品质量法》，自 1993 年 9 月 1 日起施行。

1994 年，浙江温州颁布《质量立市实施办法》，在全国率先实施质量立市战略。此后，温州先后经历打假治劣、名牌兴业、信用温州、品牌强市 4 个阶段，一步一个脚印，从一个质量重灾区蜕变为先进制造业集聚地。

1996 年 12 月 24 日制定《质量振兴纲要》，明确提出国家将实施名牌发展战略，以及广泛开展的“质量立市”“质量兴市”活动，标志着质量振兴已经成为国家发展的重大方略。

质量振兴对于深化改革、加速实现“两个根本性转变”，提高我国经济运行的质量和效益具有重大的现实意义和深远的历史意义，是我国经济生活中的一件大事。

1996 年以后的质量工作提高和发展与我国的经济社会发展伴生伴随、相互促进，在政府的引导、全社会的共同努力下获得全面长足发展、质量总体水平稳步提升。全社会建立健全了质量监管制度。打击假冒伪劣，营造了和谐的质量环境。标准、认证、计量等质量基础工作不断加强、企业的质量责任和质量意识增强，质量管理水平及产品质量水平显著提高。全社会质量意识明显提高。

3）质量工作纳入法制管理轨道

2001 年，质量宏观管理工作划转到国家技术监督局，改为国家质量技术监督局。同年，成立中国国家认证认可监督管理委员会（中华人民共和国国家认证认可监督管理局）和中国国家标准化管理委员会（中华人民共和国国家标准化管理局），分别承担认证认可和标准化行政管理职能。

2004 年组建了原中华人民共和国质量监督检验检疫总局。基本形成了以国家质检为龙头、行业和省市级检测机构为骨干、县级检测机构为基础的新形式，涵盖所有产品领域的全国产品质量安全检验检测体系。初步形成了具有中国特色的国家质量监督管理体制。

改革开放以来，质量工作纳入法制管理的轨道，质量法制建设取得长足进展，从无到有，从局部到全局，形成了涵盖比较全面的具有中国特色的质量法制体系。仅原国家质检总局履行质量监督检验检疫职责依据的法律法规就有《中华人民共和国产品质量法》《中华人民共和国产品计量法》《中华人民共和国标准化法》《中华人民共和国进出口商品检验法》《中华人民共和国食品卫生法》《中华人民共和国国境卫生检疫法实施细则》《特种设备安全监察条例》等二十几部。

在制定法律法规的基础上，还形成了产品质量安全市场准入制度、产品质量国家监督抽查制度、质量认证认可制度、特种设备监察制度、缺陷产品召回制度、进出口产品质量安全监管制度，初步建立了适合中国国情的质量监管体系。

4）标准化上升为国家战略

1988 年 12 月 29 日，第七届全国人民代表大会常务委员会第五次会议通过《中华人民共和国标准化法》。2017 年 11 月 4 日第十二届全国人民代表大会常务委员会第三十次会议对其进行了修订。

《中共中央关于全面深化改革若干重大问题的决定》指出，“政府要加强发展战略、规划、政策、标准等制定和实施，加强市场活动监管，加强各类公共服务提供”，中央政策首次将标准与战略、规划、政策等相提并论。

《国家标准化体系建设发展规划（2016—2020 年）》是未来我国标准化事业的五年规划，该规划认为“标准是经济活动和社会发展的技术支撑，是国家治理体系和治理能力现代化的基础性制度”。

从经济转型升级的角度来看，标准化是创新技术产业化、市场化的关键环节，是支持企业“走出去”参与国际合作与竞争、保障国家经济利益和经济安全的重要手段，是实现我国由“制造大国”向“制造强国”转变的重要保障。积极实施标准化战略，以标准引领新旧动能的更换，以标准全面提升推动产业升级，形成新的竞争优势，增强企业国际竞争力，是新形势下标准化成为国家战略的必然要求。

5）全面落实质量提升战略部署

党中央、国务院一直高度重视质量工作，“质量第一”是我国始终如一的质量发展理念，也是经济新常态下贯彻落实供给侧结构性改革的具体要求。

习近平总书记在 2014 年就提出了“中国制造向中国创造转变，中国速度向中国质量转变，中国产品向中国品牌转变”的工作要求。

2017 年 10 月 12 日，《中共中央 国务院关于开展质量提升行动的指导意见》（以下简称《指导意见》）提出，将质量强国战略放在更加突出位置，开展质量提升行动，全面加强质量监管，全面提升质量水平。

《指导意见》强调，要坚持以质量第一为价值导向、牢固树立质量第一的强烈意识；在中央经济工作会议上，同样也多次强调要“树立质量第一的强烈意识”。质量强国相继出现在党和国家的重要文件中，并成为各类重要经济工作会议上的高频词。

《指导意见》的提出，体现了党中央、国务院下最大气力抓好全面提高质量的坚定决心，向全党全国发出了质量总动员令，为开展质量提升行动提供了行动纲领和方向指引。

学习任务 1-3 现代管理体系认证

学习情境描述

周末，小张去超市采购蔬菜和日用品。蔬菜区有散称蔬菜和包装好的蔬菜两种。小张发现在包装蔬菜区蔬菜的外包装上都贴有“中国有机产品认证”的标志。

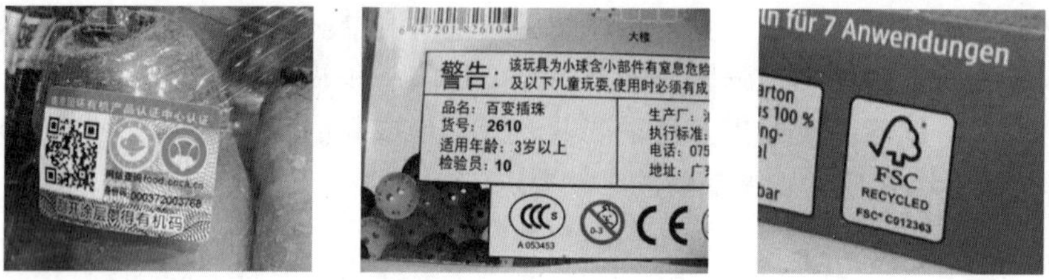

图 1-2 产品认证标志示例

在超市采购的过程中，小张注意到很多产品的外包装上都有各种各样的标志。在等待结账的时候，他又意外地发现收银台用的电脑上也有类似的标志。随后，小张选择乘公交车回家。在公交车上，他注意到公交车窗玻璃上有和玩具上类似的 CCC 标志。

下图中的标志代表什么？两个标志之间又有哪些区别呢？

图 1-3 产品认证标志示例

学习目标

（1）能够说出体系审核和产品审核的区别。

（2）能够说出常用的管理体系及认证的分布特点。

? 问题引导 1：找一找，假设有一家跟自己所学专业相关的产品生产企业，哪些是必须通过的认证，哪些是非必须通过的认证？______________________________。

? 问题引导 2：企业为什么要通过这些认证呢？______________________________。

学习情境的相关知识点

作为质量符合要求的标识，认证是中国大多数企业的选择。

认证按强制程度分为自愿性认证和强制性认证两种，按认证对象分为体系认证和产品认证两种。

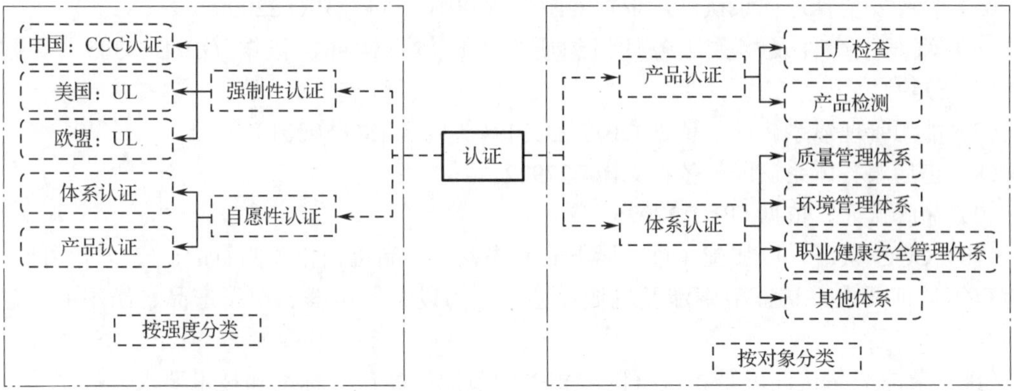

图 1-4　认证分类

知识点 1：强制性认证

中国强制性认证包括产品认证（CCC）和官方认证。CCC 认证是中国国家强制要求的，对在中国大陆市场销售的产品实行的一种认证制度。无论国内生产还是国外进口，凡列入 CCC 目录内且在国内销售的产品均需获得 CCC 认证，除特殊用途的产品外（符合免于 CCC 认证的产品）。CCC 认证是由国家认可的认证机构实施的产品认证。官方认证即市场准入性的行政许可，是国家行政机关依法对列入行政许可目录的项目所实施的许可管理，凡是需经官方认证的项目，必须获得行政许可以后方可准予生产、经营、仓储或销售。行政许可针对的是产品，但考核的是管理体系。行政许可包括内销产品（国内生产国内销售和国外进口国内销售）和外销产品（国内生产出口产品）。食品质量安全（QS）认证和药品生产质量管理规范（GMP）认证均属于官方认证。

图 1-5　强制性认证部分标志

知识点 2：自愿性认证

自愿性认证是组织根据组织本身或其顾客、相关方的要求自愿申请的认证。自愿性认证多是管理体系认证，也包括企业对未列入 CCC 认证目录的产品所申请的认证。我国自愿性管理体系认证包括：

（1）质量管理体系认证，依据 GB/T 19001（等同于 ISO 9001）。

（2）环境管理体系认证，依据 GB/T 24001（等同于 ISO 14001）。

（3）职业健康安全管理体系认证，依据 GB/T 28001（相当于 OHSAS 18001）。

（4）HACCP 认证，依据国家认监委（CNCA）2002 年第 3 号文件《食品生产企业危害分析和关键控制点（HACCP）管理体系认证管理规定》（相当于国际食品法典委员会（CAC）《危害分析和关键控制点（HACCP）体系及其应用准则》）。

（5）食品安全管理体系认证，依据 GB/T 22000（等同于 ISO 22000）。

（6）汽车生产件及相关服务件组织质量管理体系认证，依据 GB/T 18305（等同于 ISO/TS 16949）。

（7）能源管理体系认证，依据 GB/T 23331（等同于 ISO 50001）。

（8）售后服务体系认证，依据 GB/T 27922。

（9）品牌认证，依据 GB/T 27925。

（10）CQC 认证，以加施 CQC 标志的方式表明产品符合相关的质量、安全、性能、电磁兼容等认证要求，认证范围涉及机械设备、电力设备、电器、电子产品、纺织品、建材等 500 多种产品。

（11）节能产品认证，是指依据国家相关的节能产品认证标准和技术要求，按照国际上通行的产品质量认证规定与程序，经中国节能产品认证机构确认并通过颁布认证证书和节能标志，证明某一产品符合相应标准和节能要求的活动。

（12）中国环保产品认证，以加施“中国环保产品认证”标志的方式表明产品符合相关环保认证的要求，认证范围包括污染防治设备和家具、建材、轻工等环境有利产品。

图 1-6　自愿性认证部分标志

知识点 3：产品认证

产品认证主要涉及两个方面：

（1）工厂检查：现场确认企业是否具有持续、稳定生产和抽样结果一致产品的能力。

（2）产品检测：由认证机构检查员现场抽样，并送到其指定的实验室，按标准进行“全部项目”的测试。

产品认证通过科学、严谨、体系化的检测认证工作，为优质产品加分，为品牌背书，从而切实提升产品竞争力，加速产品入市。

知识点 4：体系认证

侧重于确认企业整个管理过程的符合性。以质量管理体系认证为例，组织制定和实施质量方针的全部管理职能，涉及战略策划、资源分配和其他有系统的活动，如质量策划、运行和组织实施。但是体系认证只能保证过程的合理、科学，并不代表产品“合格”。

学习任务 1-4　ISO 9000 质量管理体系

扫一扫看微课视频：质量管理体系概述

学习情境描述

小沫所在的企业目前有意向通过质量管理体系 ISO 9000 认证，作为质量部人员，小沫负责厘清 ISO 9000 的内容、通过认证的作用，并形成方案。

学习目标

（1）能够说出 ISO 9000 族标准的内容和特点。

（2）能理解企业通过 ISO 9000 认证的作用。

？ 问题引导 1：作为××产品生产企业（跟学生专业相关），如果企业想通过 ISO 9000 质量管理体系认证，应完成哪些内容？____。

？ 问题引导 2：作为企业的质量人员，需要了解哪些核心标准呢？____。

知识点 1：ISO 组织的成立

ISO 是国际标准化组织（International Organization for Standardization）的英文简称，是由世界各国联合组成的非政府机构，成立于 1947 年。ISO 的宗旨是：在世界范围内促进标准化工作及其有关活动的开展，以利于国际间的物资交流和相互服务，并且发展在科技界及经济活动方面的合作。

1906 年 7 月，世界上最早的国际标准化机构——国际电工委员会（IEC）成立。1926 年，国家标准化协会国际联合会（International Federation of the National Standardizing Associations，ISA）成立，主要承担机械工程方面的国际标准工作，由于第二次世界大战的爆发其工作在 1942 年终止。

1946 年 10 月，来自 25 个国家的代表在伦敦召开会议，决定成立一个新的国际组织，目的是促进国际间的合作和工业标准的统一。于是，ISO 组织在 1947 年 2 月 23 日正式成立，总部设在日内瓦。截止 2007 年年底，ISO 有正式成员国 175 个。ISO 于 1951 年发布了第一个标准——“工业长度测量的标准温度”。

ISO 为适应质量认证制度的实施，1971 年正式成立了认证委员会（CERICO），1985 年改称合格评定委员会（CASCO）。1979 年 9 月在 ISO 理事会全体会议上通过决议，决定单独建立质量保证技术委员会 TC176，专门研究质量保证领域内标准化问题，并负责制定质量体系的国际标准。1987 年在挪威举行的会议上，TC176 更名为“质量管理和质量保证技术委员会”，用于制定发布质量管理标准和指导世界性质量管理工作。ISO 9000 系列标准的修订工作，就是由 TC176 下属的分委员会负责的。

知识点 2：ISO 9000 族标准的发展

ISO 在 1986 年 6 月发布了第一个与质量有关的管理标准——ISO 8402:1986 质量术语，1987 年 3 月又发布了五个 ISO 9000 系列标准。ISO 9000 标准颁布以后受到前所未有的欢迎，在全世界范围内形成了“ISO 9000 现象”。ISO 9000 标准实施后，在取得成绩的同时，根据反馈的信息，发现不少需要改进之处，1990 年 ISO/TC 176 决定对 1987 版的 ISO 9000 系列标准进行修订。

修订分为两个阶段，第一阶段称之为“有限修改”，即在结构上不做大的变动，仅对标准内容进行小范围的修改。但这种修改要趋向将来的修订本，以便更好地满足标准使用者的需要。1994 年，ISO/TC 176 完成第一阶段的修订，对 1987 版 6 个系列标准进行修订，发布了 1994 版标准。ISO 在发布 6 项主要标准时，先后制定发布了 10 项指南性标准，后来又陆续制定了一些相关标准。到 1999 年，ISO 9000 族标准和技术文件的数量已达 24 项。

在完成第一阶段的修订工作结束后，ISO/TC 176 随即启动被称之为“彻底修订”的第二阶段修订工作。在总结 1994 版标准所存在的质量管理思想的基础上，正式提出质量管理八项原则，作为 2000 版的 ISO 9000 族标准的设计思想和修订依据。2000 年 12 月 15 日，ISO 组织正式发布 2000 版 ISO 9000、ISO 9001、ISO 9004 等三个标准，并于 10 月 1 日发布 ISO 19011:2002《质量和（或）环境管理体系审核指南》，形成 2000 版 ISO 9000 族标准。

2005 年 ISO 9000:2005《质量管理体系 基础和术语》颁布；2008 年 11 月 15 日发布 ISO 9001:2008 标准。我国等同使用《GB/T 19001—2008/ISO 9001:2008 质量管理体系 要求》。2015 年 9 月正式发布《ISO 9000:2015 质量管理体系 基础和术语》《ISO 9001:2015 质量管理体系 要求》。

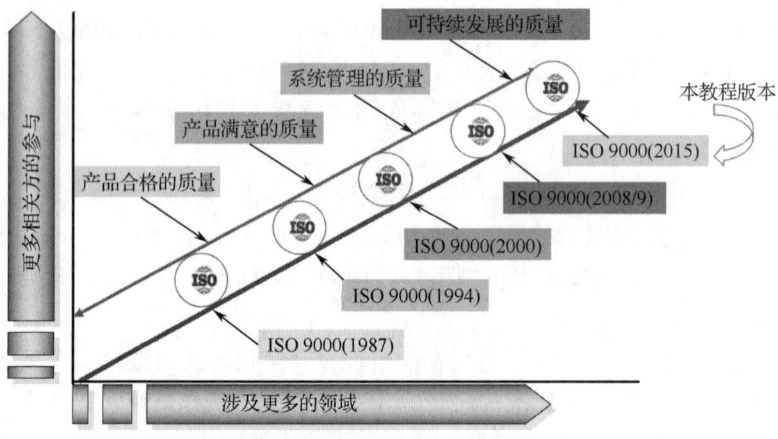

图 1-7　ISO 9000 族标准发展历程

知识点 3：ISO 9000 标准族的构成

ISO 组织于 2015 年 9 月正式发布 ISO 9000 族标准，其构成下图所示。四个核心标准的主要内容如下：

（1）ISO 9000:2015《质量管理体系 基础与术语》，主要阐述三个方面的重点。在引言中列出七项基本原则，明确七项基本原则是 ISO 9000 族标准的理论基础，描述了建立和运行质量管理体系应遵循的 12 项质量管理体系基本内容，给出了与质量管理体系有关的 138 个术语。

（2）ISO 9001:2015《质量管理体系 要求》标准应用了以过程为基础的质量管理体系模式，规定了建立和实施质量管理体系的要求，是 ISO 9000 族标准中唯一的可用于内部和外部评价组织满足顾客、法律法规和自身要求的标准。

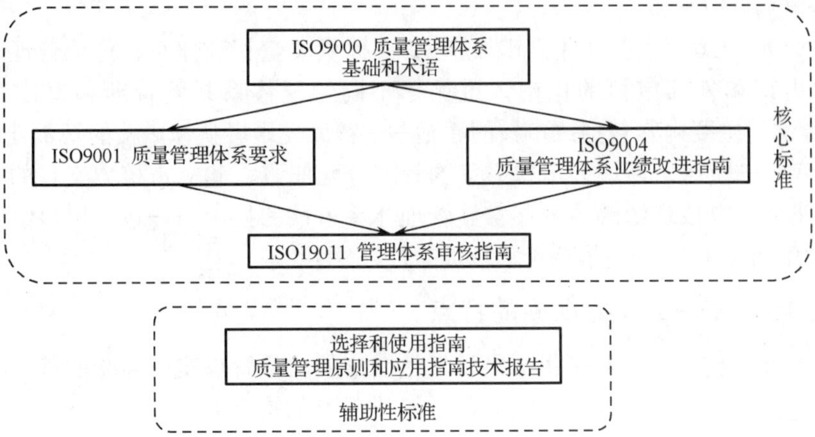

图 1-8　ISO 9000 标准族构成

拓展阅读　ISO 9001:2015 版在 2015 年 9 月正式发布，目前，越来越多的人开始关心标准转换实施的问题。管理体系认证机构需要尽早策划实施转换工作，获证企业也应尽快了解标准变化。

相较于 ISO 9001:2008，新版标准发生了显著的变化。为配合 ISO 标准变化，早在 2015 年 1 月，IAF（International Aureditation Forum）就正式发布了《ISO 9001:2015 版转换实施指南》，确保新版标准顺利过渡。IAF《ISO 9001:2015 版转换实施指南》明确了：IAF 和 CASCO 已经达成一致意见，新版标准转换期限为：在 ISO 9001:2015 版正式发布日后 3 年内转换完毕。即：现行 ISO 9001:2008 标准的有效期延续至 2018 年 9 月左右。ISO 9001:2008 和 ISO 9001:2015 标准将在为期 3 年的转换期中并存。2018 年 9 月，所有的 ISO 9001:2008 证书都将作废。所有的获证组织需要采取相关措施，在 3 年转换期间，将所有的 ISO 9001:2008 证书转换至 ISO 9001:2015 证书。综上类推，每一个新版出台以后，均有 3 年转换期。

图 1-9　2015 版转版时间

（3）ISO 9004:2015《追求组织的持续成功 质量管理方法》：不用于认证和合同目的，以七项基本原则为理论基础，使用 ISO 9000:2015 术语。与 ISO 9001 相比，除了关注 ISO 9000:2015 考虑的顾客要求和质量管理体系的适宜性、充分性、有效性，还关注其他相关方的需求和期望，更多地关注持续改进组织质量管理体系的总体业绩和效率。另外，

ISO 9004 还以质量管理体系有效性和效率为评价目标，给出质量改进中的自我评价方法，并识别改进和创新的机会。

（4）ISO 19011:2018《管理体系审核指南》：提供质量管理体系、环境管理体系及其他管理体系的内部和外部审核的指南，遵循“不同管理体系共同管理和审核”的准则。ISO 19011 标准的主要内容包括：审核的原则——帮助使用者认识审核的基本性质；管理审核方案的指南——覆盖了诸如为审核方案的管理分配职责、建立审核方案目的、协调审核活动和提供充分的审核资源等内容；实施管理体系审核的指南——包括审核组的选择；审核员所需能力的指南——描述了评价审核员的过程。

知识点 4：ISO 9000 标准族的特点

ISO 9000 标准族是在总结了世界经济发达国家的质量管理实践经验的基础上制订的具有通用性和指导性的国际标准。2015 版 9001 标准具有的特点有：

（1）适用于所有产品类型、不同规模和各种类型的组织，对组织的人数、规模、行业、类型不限。

（2）对标准的应用做了更灵活的规定，在某些情况下允许删减。

（3）把监控顾客满意作为评价业绩的一种手段。

（4）采用“过程方法”的模式结构，逻辑性强，相关性好。

（5）强调最高管理者的作用。

（6）突出“持续改进”的思想。

（7）减少过多的文件化要求，强调文件的增值作用，扩大组织的文件化自由度。重视结果，强调有效性要求。

（8）充分考虑相关方的利益和需求。

（9）与 ISO 9004 标准协调互补，也可单独使用，有利于帮助组织业绩的提高。

（10）提高了与其他管理体系的相容性。

（11）术语准确，语言精练。

知识点 5：企业通过 ISO 9001 的作用及意义

作为企业，通过 ISO 9000 认证的作用从两个方面阐述。一方面是证实能力，提高企业竞争力。

1）强化品质管理，提高企业效益；增强客户信心，扩大市场份额

ISO 9000 认证机构都是经过国家认可机构严格审查后的权威机构，对企业品质体系的审核是非常严格的。对于企业来说，当顾客得知供方按照国际标准实行管理，拿到了 ISO 9000 体系认证证书，并且有认证机构的严格审核和定期监督，就可以确信该企业是能够稳定地生产合格产品乃至优秀产品的信得过的企业，从而放心地与企业订立供销合同，扩大了企业的市场占有率。因此，在当今社会，9001 证书是企业市场竞争力的有力体现。

2）获得了国际贸易“通行证”，消除了国际贸易壁垒

许多国家为了保护自身的利益，设置了种种贸易壁垒，包括关税壁垒和非关税壁垒。其中非关税壁垒主要是技术壁垒，技术壁垒中，又主要是产品品质认证和 ISO 9000 质量体系认证的壁垒。特别是，在“世界贸易组织”内，各成员国之间相互打破了关税壁垒，只

能设置技术壁垒，所以，获得认证是打破贸易壁垒的主要途径。

3）节省了第二方审核的精力和费用

在现代贸易实践中，第二方审核早就成为惯例，又逐渐发现其存在很大的弊端：一个供方通常要为许多需方供货，第二方审核无疑会给供方带来沉重的负担；另一方面，需方也需支付相当的费用，同时还要考虑派出或雇佣人员的经验和水平问题，否则，花了费用也达不到预期的目的。唯有 ISO 9000 认证可以消除这样的弊端。因为，作为第一方的生产企业申请了第三方的 ISO 9000 认证并获得了认证证书以后，众多第二方就不必要再对第一方进行审核，这样，不管是对第一方还是对第二方都可以节省很多精力或费用。另外，如果企业在获得了 ISO 9000 认证之后，再申请 UL、CE 等产品品质认证，还可以免除认证机构对企业的品质保证体系进行重复认证的开支。

另一方面，ISO 9000 认证也从企业内部规范管理，提升企业管理水平。主要体现在：

1）增强以服务客户为中心的概念

9001 标准要求采取各种手段来获取和理解从而确定客户需求，通过系统中每个流程的运行来满足客户需求，并通过客户满意度测评获得客户满意度程序，不断提高企业水平。以客户为中心，增强客户服务的信心。

2）最高管理者直接参加质量管理体系活动

最高管理者制定质量方针、监督质量目标，及时判断质量管理体系的绩效。直接参加定期的管理评审，以掌握整个质量体系的整体状况，并及时采取措施纠正系统里的缺陷。

3）阐明所有人员的职能和权力及其相互关系

明确各类人员的教育、培训、技能和经验方面的能力要求，以确保员工能够胜任。并通过全体员工参与整个质量体系的建立、运营和维护，确保组织的平稳运行。

4）优化采购控制

帮助公司建立一套方法，以改善对供应商的选择和评估，并以合理的价格购买满意的产品。

5）促进产品质量的提高

控制可能产生不合格产品的各个环节，隔离和处理不合格产品，通过制度化的数据分析找出产品不合格的根本原因；并通过纠正或预防措施防止不合格产品的出现或再次出现，从而不断降低成本；通过其他持续改进活动不断提高质量管理体系的有效性和效率，从而实现利润的持续增长。

6）促进持续改进

通过第三方专业审核，可以更深入地了解公司的问题。通过定期的监督和审核，可以敦促公司人员按照明确的质量管理体系规范开展工作，促进公司的持续发展。

7）树立品牌企业形象

获得 ISO 国际标准化认证，说明公司有能力满足客户的质量要求，从而赢得了客户的信任，扩大了公司的声誉，促进了业务的发展。

评价反馈

学生进行自评，评价自己是否完成认证分类判断，了解中国质量发展历史，掌握ISO 9000的含义，是否掌握ISO 9000的核心标准及其特点，是否具有良好的学习态度。

（1）学生自我评价，并将结果填入表1-1学生自评表中。

表1-1 学生自评表

班级：	姓名：	学号：	
学习情境 1	质量管理体系概述		
评价项目	评价标准	分值	得分
上课情况	不迟到，不早退，上课不开小差	20	
线下学习	认真听讲，主动预习和复习课堂内容	20	
线上学习	能够主动完成线上慕课学习，完成讨论、作业及相关测试	20	
学习态度	学习积极主动，自制力较强	20	
学习成效	基本达到学习目标，掌握质量认证的基础知识	20	
总分		100	

（2）教师对学生工作过程与工作结果进行评价，并将评价结果填入表 1-2 教师综合评价表中。

表 1-2 教师综合评价表

班级：		姓名：		学号：	
学习情境 1		质量管理体系概述			
评价项目		评价标准		分值	得分
考勤（20%）		无迟到、早退、旷课现象		20	
任务过程（80%）	线下学习	上课认真、完成老师要求的作业，且质量较高		20	
	线上学习	线上学习认真，作业、测试、讨论质量较高		20	
	学习态度	态度端正，无偷懒、玩手机等现象		10	
	知识点掌握	能准确回答问题，内容掌握熟练		10	
	职业素养	具备审核员独立思考、严谨认真等应具备的素养		10	
	创新意识	在任务完成过程中，具有良好的学习习惯，思维活跃，提出很有建设性的建议		10	
合计				100	
综合评价		自评（50%）	教师评价（50%）	综合得分	

学习情境2

ISO 9000：质量管理体系基础与术语

教	本章节重点	1．ISO 9000标准构成。 2．质量管理体系七项基本原则
	本章节难点	1．质量管理体系术语：过程、顾客满意；返工、返修的区别，纠正、纠正措施、预防措施的区别
	建议教授方法	以案例分析法为主，鼓励学生从案例中寻找原则的内涵，理解质量术语
	建议学时	4学时
学	推荐学习方法	1．通过案例分析和小组讨论理解质量的七项原则及原则间的关系。 2．结合小组讨论，掌握常用术语及其在质量中的应用
	学习目标	1．掌握七项基本原则。 2．理解常用术语。 3．能够将原则在日常生活和学习中运用

扫一扫看本学习情景电子教学课件

扫一扫看微课视频：七项基本原则

扫一扫看文档：GB/T 19000—2015 质量管理体系基础和术语

学习任务 2-1　质量管理体系原则

学习情境描述

随着全球竞争的不断加剧，质量管理越来越成为所有组织管理工作的重点。ISO/TC 176/SC2/WG15 结合 ISO 9000 标准 2015 年版制订工作的需要，通过广泛的顾客调查形成了质量管理七项原则。质量管理七项原则最初以 ISO/TC 176/SC2/WG/N125 号文件《质量管理原则及其应用指南》发布，在 ISO/TC 176 召开的特拉维夫会议前以绝对多数的赞同票得到通过。为了能对质量管理原则的定义取得高度的一致，又编制了仅包含质量管理七项原则的新文件 ISO/TC 176/SC2/WG15/N130《质量管理原则》。在 2015 年 9 月召开的哥本哈根会议上，以 32 票赞同 4 票反对通过了该文件，并由 ISO/TC 176/ SC2/N376 号文件予以发布。

图 2-1　ISO 9000:2015 七项基本原则

学习目标

（1）能够说出七项基本原则的基本内容。

（2）能够理解原则对于质量管理体系要求的作用。

（3）能够将原则中的理念用到日常工作、学习。

? 问题引导 1：七项基本原则对质量管理体系要求起到什么样的作用？______________________________。

? 问题引导 2：你对哪一个原则印象深刻？对你有什么样的启发？______________________________。

学习情境的相关知识点

一句话理清原则：最高管理者（领导作用）充分发挥员工的积极性（全员参与），处理好相关方的关系（关系管理），运用控制论的两种方法（过程方法、循证决策），最终目的是满足顾客要求（以顾客为关注焦点），达到使组织持续改进的目标（改进）。

知识点 1：以顾客为关注焦点

案例小阅读： 客房铺床时要求按顺序铺床单、铺毛毯、毛毯定位、铺面单、包盖毛毯头、塞床单、包角定位（把毛毯四边塞到床的软硬垫之间）……。

一天客人王先生和服务员聊天，他说："你们真辛苦，我也真辛苦。你们上午辛辛苦苦地把床包起来，我每天晚上又辛辛苦苦费力把床单连同毛毯拉出来，把床弄得很乱，真累。"服务员说："这是宾馆的服务规范要求的，这样铺床显得整齐、美观，所有宾馆都是这样。我们也常听到住客抱怨这样很不方便，我们也没有办法。"

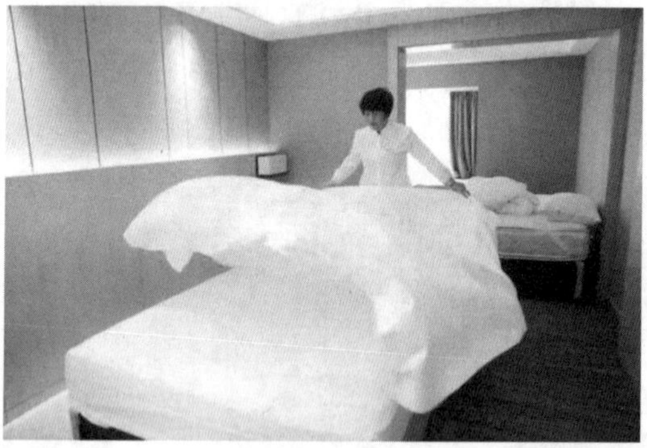

图 2-2　以顾客为关注焦点案例图片

组织依存于顾客。因此，组织应当理解顾客当前和未来的需求，满足顾客要求并争取超越顾客要求。

顾客是指"接收产品的组织或个人"。如消费者、客户、零售商、受益者和采购方。顾客对产品的要求体现在诸多方面，比如功能、性能、价格、可靠性、交付期、包装、售后服务等。顾客的需求又是不断变化的，因此，组织不仅要了解顾客目前的需求，还要了解顾客未来的需求，要始终关注顾客需求的变化。组织应确认顾客明确和隐含的需求，了解顾客期望，与顾客进行必要的沟通。并将顾客需求转化为组织内部的目标和需求，通过组织的运作，提供能够满足乃至超越顾客要求和期望的产品，这样才能不断适应市场的变化，扩大市场占有份额，从而时刻保持发展并获得更大的成功。

在质量管理体系中，组织应实施以上原则并开展下列活动：

（1）了解顾客当前和未来的需求或期望；

（2）将顾客的需求或期望转化为顾客要求；

（3）确保组织的质量目标体现顾客的要求；

（4）将顾客要求传达到整个组织；

（5）提高满足顾客要求的意识；

（6）加强与顾客沟通；

（7）就有关顾客满意信息实施监视和测量；

（8）持续改进组织的过程和产品，使顾客满意。

知识点 2：领导作用

案例小阅读：华为公司多年持续成长，在国际舞台上大放异彩，取得了骄人成绩，人们不禁要问：华为商业成功背后的哲学和驱动力是什么？的确，任正非制定了最为有效的战略，让华为成长为一家全球领先的企业，这证明了他的影响力和远见卓识。

任正非领导力的核心在于他非常清楚华为的目标——成就客户梦想，任正非也确实身体力行，满怀激情地追寻这一梦想，因此，华为也成为任正非天生的使命。他总是想方设法为客户创造价值，通过一个个故事，不断向员工传递一个理念：华为员工应致力于实现公司使命，即提供通信技术实现连接。

要成就客户梦想，就需要提供最好的服务，这也是公司取得成功的关键。在华为成立之初，华为产品不如竞争对手的产品，这一点任正非心知肚明。因此，他另辟蹊径。他认为，只有提供优质服务，才能吸引客户。

例如，由于早期华为的设备经常出问题，华为的技术人员就经常利用晚上客户设备不使用的时间段，去客户的机房里维修设备，对于客户提出的问题，华为是 24 小时随时响应。这种做法跟与西方公司有很大的不同。西方公司有好的技术和好的设备，但却忽略了服务。华为的优质服务为公司赢得了“真正关心客户需求”这一美誉，并同时让华为赢得了竞争优势。

再如，早期中国沙漠和农村地区老鼠很多，经常会钻进机柜将电线咬断，客户的网络连接因此中断。当时，在华的跨国企业都对此不屑，认为这不是他们的问题，而是客户的问题，他们认为只需为客户提供技术。而华为却不这么认为，在设备外增加了防鼠网，帮助客户解决了这一问题，华为也认为自己有责任去这么做。得益于这一目标驱动战略，华为在开发耐用设备和材料方面获得了丰富经验，后来也因此在中东地区赢得多个大客户。

领导者应确保组织的目的和方向一致。领导者应当创造并保持良好的内部环境，使员工能充分参与实现组织目标的活动。

领导者是指导和控制组织的人，组织往往是一个复杂的系统，为了消除系统中的混乱和不协调，作为领导者首先要从本组织产品的特点、顾客群体以及相关方的利益出发，为组织确定统一的方向和重点，建立和实施有效的质量管理体系，创造宽松、和谐、有序和透明的环境，充分调动员工的工作热情和积极性，使全体员工理解并努力去实现组织的目标。

在质量管理体系中，组织应实施本原则并开展下列活动：

（1）做好发展规划，为员工勾画一个清晰的远景；

（2）在整个组织及各级、各层次设定富有挑战性的目标；

（3）为实现目标制定宏观的规划；

（4）创造并坚持共同的价值观，形成组织的精神和文化；

（5）为员工提供职责范围内的自主权，建立信任、消除忧虑；

（6）激发、鼓励并承认员工的贡献；

（7）提倡公开、诚恳的沟通。

知识点 3：全员参与

案例小阅读：广开言路，激发热情。一家专业制造厂采用向员工征求意见的方式，大大激发了员工的参与积极性和工作热情，圆满地解决了公司在较短时间内完成一大笔订单的问题，产生了比命令更容易接受的效果。当该厂面临一大笔不可能完成的生产任务订单时，厂方不是粗暴地命令职工加班加点地干，而改为向职工提出问题、征求意见的方式，把企业的困难摆出来让职工主动积极地想办法解决，使职工在得到尊重的同时以巨大的工作热情和积极性解决了企业面临的困难，为企业带来效益。

图 2-3 全员参与案例图片

各级人员都是组织之本，唯有其充分参与，才能使他们为组织的利益发挥其才干。组织是“职责、权限和相互关系得到安排的一组人及设施”。组织质量管理体系的运行是通过各级人员参与相关的所有过程实现的，过程有效性以及体系运行的有效性取决于各层次人员的质量意识、工作能力、积极性和协作精神。只有当每个人的能力、才干都得到充分发挥时，组织才会获得最大收益。

全员参与，一方面是员工本身应具有强烈的参与意识，发挥自己的聪明才智，尽职尽力，在工作实践中不断完善自己；另一方面，组织需要识别其个人发展要求，将个人的愿望和组织愿望统一在一起，为个人创造参与的机会，给予个人充分的自主权和体现自身价值的环境。

在质量管理体系中，组织实施本原则应开展以下活动：

（1）识别每个过程活动的能力要求；

（2）选择人员，继续培训和职业策划；

（3）规定职责和权限；

（4）建立个人、部门目标，对实施过程进行管理并评价结果；

（5）鼓励员工参与制定目标，评价其业绩；

（6）通过持续评审员工的需求，推动公开的双向交流；

（7）使员工能够自由地分享知识和经验，促进各种观点和建议的交流；

（8）创造条件，鼓励创新；

（9）调查员工离开组织的原因。

知识点 4：过程方法

案例小阅读：

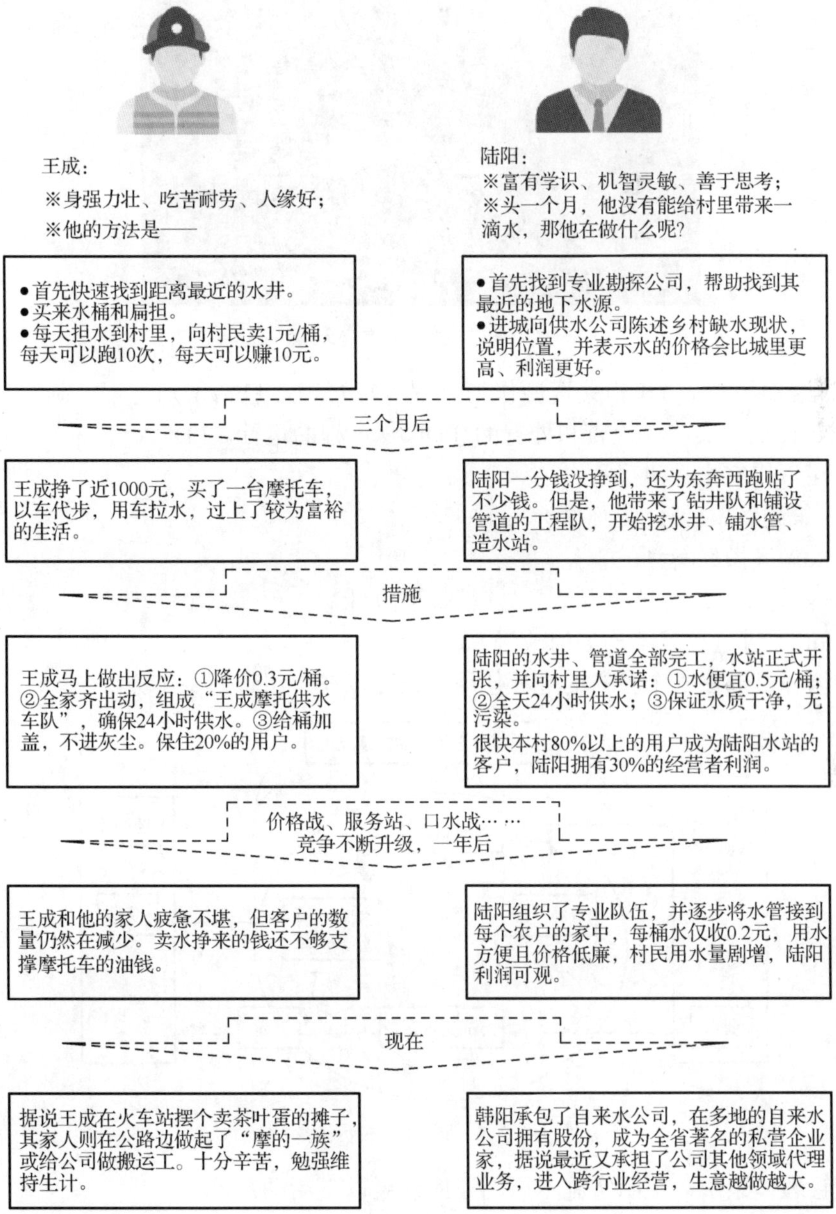

图 2-4 过程方法示例-王成和陆阳

“过程方法”就是将活动和相关资源作为一个过程来管理，以便获得期望结果的方法，是 ISO 9000 系列标准的一项关键要素。

过程的定义：“一组将输入转化为输出的相互关联或相互作用的活动”。任何使用资源将输入转换为输出的活动或一组活动都可视为过程。过程三要素：输入、输出和活动。

图 2-5 “过程”定义示意

过程方法就是将活动和相关资源作为过程进行管理，包括识别过程、确定过程和控制过程，体现了计划、实施、检查和处置的 PDCA 过程的运行。PDCA 循环是一种确定的逻辑性方法，可以用它来改进过程：

P：plan 策划（做什么 如何做）

D：do 实施（做经策划的事）

C：check 检查结果（做的事是否与策划相符）

A：action 改进过程（下次如何改进）

PDCA 循环可以在一个独立的过程使用，也可以在一组过程中实施。

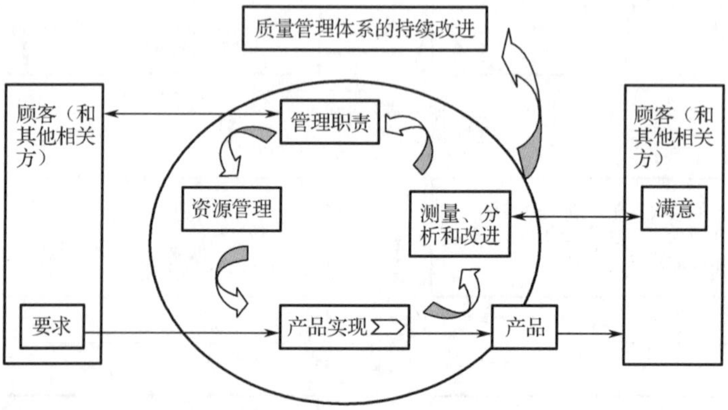

图 2-6 过程方法示意

在质量管理体系中，组织实施本原则还应开展以下活动：

（1）确定质量管理体系所需的过程；

（2）确定过程的相互作用；

（3）确定过程的运行目标和职责；

（4）确定过程运行和控制的准则和方法；

（5）为过程的运行和控制提供资源和信息；

（6）对过程进行监视和测量；

（7）识别改进的机会，改进过程的有效性和效率；

（8）评价风险、后果及对其他相关方的影响。

知识点 5　改进

案例小阅读：

有一天动物园管理员们发现袋鼠从笼子里跑出来了，于是开会讨论，一致认为是笼子的高度过低导致袋鼠逃跑；所以它们决定将笼子的高度由原来的十公尺加高到二十公尺；结果第二天他们发现袋鼠还是跑到外面来，所以他们又决定再将笼子高度加高到三十公尺；没想到隔天居然又看到袋鼠全跑到外面，于是管理员们大为紧张，决定一不做二不休，将笼子的高度加高到一百公尺；

一天长颈鹿和几只袋鼠们在闲聊："你们看，这些人会不会再继续加高你们的笼子？"长颈鹿问。

"很难说，"袋鼠说，"如果他们再继续忘记关门的话"。所以说，改进一定要找对方向。

成功的组织总是致力于持续改进。持续改进总体业绩应当是组织的永恒目标。

改进对于组织保持当前的业绩水平，对其内部、外部条件的变化作出反应并创造新的机会都是非常有必要的。

在质量管理体系中，组织实施本原则应开展下列活动：

（1）促进在组织的所有层次建立改进目标；

（2）对各层次员工进行培训，使其懂得如何应用基本工具和方法实现改进目标；

（3）确保员工有能力成功地制定和完成改进项目；

（4）开发和部署整个组织实施的改进项目；

（5）跟踪、评审和审核改进项目的计划、实施、完成和结果；

（6）将新产品开发或产品、服务和过程的更改都纳入改进中予以考虑；

（7）赞扬和表彰改进。

知识点 6　循证决策

案例小阅读：

某汽车公司董事长发现生产线上的机器总是停转，虽然修过多次但仍不见好转；于是，董事长与工人进行了以下的问答：

问："为什么机器停了"，答："因为超过了负荷，熔断器就断了"；

问："为什么超负荷呢"，答："因为轴承的润滑不够"；

问："为什么润滑不够"，答"因为润滑泵吸不上油来"；

问："为什么吸不上油来"，答"因为油泵轴磨损、松动了"；

问："为什么磨损了呢"，再答"因为没有安装过滤器，混进了铁屑等杂质"。

经过连续五次不停地问"为什么"，找到问题的真正原因和解决的方法，在油泵轴上安装过滤器。

基于数据和信息的分析和评价的决策更有可能产生期望的结果。决策是一个复杂的过程，并且总是包含一些不确定因素，它经常涉及多种类型和来源的输入及其解释，而这些解释可能是主观的。重要的是解释因果关系和潜在的非预期后果。对事实、证据和数据的分析可导致决策更加客观，因而更有信心。

在质量管理体系中，组织实施本原则应开展下列活动：

（1）确定、测量和监视证实组织绩效的关键指标；

（2）使相关人员能够获得所需的全部数据；

（3）确保数据和信息足够准确、可靠和安全；

（4）使用适宜的方法对数据和信息进行分析和评价；

（5）确保人员对分析和评价所需的数据是胜任的；

（6）依据证据，权衡经验和直觉进行决策并采取措施。

知识点 7：关系管理

为了持续成功，组织需要管理与供方等相关方的关系。

相关方影响组织的绩效。组织管理与所有相关方的关系，以最大限度地发挥其在组织绩效方面的作用。对供方及合作伙伴的关系网的管理是非常重要的。

在质量管理体系，组织可开展的获得包括：

（1）确定组织和相关方的关系；

（2）确定需要优先管理的相关方的关系；

（3）建立权衡短期收益与长期考虑的关系；

（4）收集并与相关方共享信息、专业知识和资源；

（5）适当时，测量绩效并向相关方报告，以增加改进的主动性；

（6）与供方、合作伙伴及其他相关方共同开展开发和改进活动；

（7）鼓励和表彰供方与合作伙伴的改进和成绩。

学习任务 2–2　质量管理体系常用术语

扫一扫看微课视频：质量管理体系常用术语

学习情境描述

2002 年 7 月，美国《质量进展》杂志公布了一份 19 页的质量术语表，这些术语都是在最近几年非常流行的文章中所使用过的，此后《质量进展》收到大量赞扬，被建议再版，术语表也引起了质量大师约瑟夫・朱兰的注意。他给编辑写了一封信，信中他称这份术语表是一份“研究和清晰的杰作”，应当能为许多公司的质量手册提供有用的输入。

学习目标

（1）能够说出术语的作用。

（2）能够掌握术语的数量及分类。

（3）能够理解常用术语的基本含义。

? 问题引导：术语对质量管理体系要求起到什么样的作用？______________________________

____。

学习情境的相关知识点

2015 版 ISO 9000 标准包含 138 个基本术语，术语涉及 13 个方面，具体如下：

有关××的术语	数量	术　语
人员	6	最高管理者、质量管理体系咨询师、参与、积极参与、管理机构、争议解决者
组织	9	组织、组织的环境、相关方、顾客、供方、外部供方、提供方、协会、计量职能
活动	13	改进、持续改进、管理、质量管理、质量策划、质量控制、质量保证、质量改进、技术状态管理、〈技术状态管理〉更改控制 、〈项目管理〉活动 、项目管理 、技术状态项
过程	8	过程、项目、质量管理体系实现、能力获得、程序、外包、合同、设计和开发
体系	12	体系（系统）、基础设施、管理体系、质量管理体系、工作环境、计量确认、测量管理体系、方针、质量方针、愿景、使命、战略
要求	15	实体、质量、等级、要求、质量要求、法定要求、规章要求、产品技术状态信息、不合格（不符合）、缺陷、合格（符合）、能力、可追溯性、可靠性、创新
结果	11	目标、质量目标、成功、持续成功、输出、产品、服务、性能、风险、效率、有效性
数据、信息和文件	15	数据、信息、客观证据、信息系统、文件、形成文件的信息、规范、质量手册、质量计划、记录、项目管理计划、验证、确认、技术状态纪实、特定情况
顾客	6	反馈、顾客满意、投诉、顾客服务、顾客满意行为规范、争议
特性	7	特性、质量特性、人为因素、能力、计量特性、技术状态、技术状态基线
确定	9	测定、评审、监视、测量、测量过程、测量设备、检验、试验、〈项目管理〉进展评价
措施	10	预防措施、纠正措施、纠正、降级、让步、偏离许可、放行、返工、返修、报废
审核	17	审核、多体系审核、联合审核、审核方案、审核范围、审核计划、审核准则、审核证据、审核发现、审核结论、审核委托方、受审核方、向导、审核组、审核员、技术专家、观察员

知识点 1　常用术语

1．质量（3.6.2）

客体的一组固有特性满足要求的程度。

注 1：术语“质量”可使用形容词，如差、好或优秀来修饰。

注 2：“固有的”（其反义词是“赋予的”）意味着存在于实体，原来就有的。

这个定义需要关注的是：

（1）质量不仅是产品的质量，也包括体系的质量和过程的质量。

（2）要求的类型相对较多，明示的、习惯上隐含的或必须履行的需求和期望；要求具有时间性，不同时期对产品有不同的要求，因此，要求是动态的。要求具有相对性，不同的相关方对固有特性的要求不同，如对汽车，顾客的要求是安全性、速度、舒适、低能耗等，而社会的要求是废气排放量低、节能性、资源消耗少等。

（3）对体系而言，实现质量方针、质量目标的能力，管理的协调性等属于固有特性。

（4）对过程而言，过程的能力、稳定性、可靠性、先进性和工艺水平等属于固有特性。

2．要求（3.6.4）

明示的、通常隐含的或必须履行的需求或期望。

注 1：“通常隐含”是指组织、顾客和其他相关方的惯例或一般做法，所考虑的需求或期望是不言而喻的。

注 2：规定要求是经明示的要求，如在形成文件的信息中阐明。

注 3：特定要求可使用限定词表示，如产品要求、质量管理要求、顾客要求、质量要求。

注 4：要求可由不同相关方或组织自己提出。

注 5：为实现较高的顾客满意，可能有必要满足顾客既没有明示，也不是通常隐含或必须履行的期望。

注 6：这是 ISO/ICE 导则，第 1 部分的 ISO 补充规定的附件 SL 中给出的 ISO 管理体系标准中的通用术语及核心定义之一，最初的定义已经通过增加注 3 至注 5 被修订。

此定义需要关注的是：

（1）“明示的”通常是指已经以标准、规范、图样、合同、订单、技术要求或其他文件作出的规定；

（2）“通常隐含的”指人们公认的、不言而喻的、不必明确的及顾客或其他相关方对系统、过程、产品的合理期望；

（3）“必须履行的”主要指法律、法规或强制性标准等社会要求，组织有义务满足；

（4）上述需要和期望可能随时间而变化。

3．能力（3.6.12）

客体实现满足要求的输出的本领。

能力（3.10.4）

应用知识和技能实现预期结果的本领。

> 注 1：经证实的能力有时指资格。
>
> 注 2：这是 ISO/ICE 导则，第 1 部分的 ISO 补充规定的附件 SL 中给出的 ISO 管理体系标准中的通用术语及核心定义之一，最初的定义已经通过增加注 1 被修订。

在 GB/T 19000 族标准中，术语 3.6.12 能力特指组织、体系或过程的能力，而 3.10.4 能力特指人员的能力。经证实的能力有时是指资格。

> **4．质量方针（3.5.9）**
>
> 关于质量的方针。
>
> 注 1：通常，质量方针应与组织的总方针相一致，与组织的愿景和使命相一致，并为制定质量目标提供框架。
>
> 注 2：本标准中提出的质量管理原则可以作为制定质量方针的基础。

该定义需要关注的要点：

（1）质量方针应体现组织对质量的追求和承诺，是组织开展质量工作的指导思想和行为准则，并与组织的总方针相一致；

（2）质量方针的内容应以质量管理原则为基础；

（3）方针通过目标加以实施，因此应能为建立目标提供框架，如体现关注顾客、持续改进等。

> **5．质量目标（3.7.2）**
>
> 与质量有关的目标。
>
> 注 1：质量目标通常依据组织的质量方针制定。
>
> 注 2：通常为组织的相关职能、层次和过程分别规定质量目标。

质量目标的理解要点：

（1）质量目标是组织为自己设定的质量方面应达到和力求达到的业绩水平；

（2）质量目标应体现满足产品要求和组织持续改进方面的内容；

（3）质量目标在操作中应是定量的；

（4）质量目标一般遵循“SMART”原则，即具体明确（Specific）、可衡量（Measurable）、可达成的（Achievable）、现实（Realistic）、有时间进度要求（Timeframe）。

质量方针和质量目标的作用：

指出了组织在质量方面的方向和追求的目标，使组织的各项质量活动都能围绕这个方向和目标来进行，让全体员工都来关注它的实施和实现。

质量方针指出了组织满足顾客要求的意图和策略，而质量目标则是实现这些意图和策略的具体要求。两者都确定了要想达到的预期结果，使组织利用其资源来实现这些结果。

质量方针和质量目标的关系：

质量方针为建立和评审质量目标提供了框架，质量目标在此框架内确立、开展和细化，质量方针还要具体体现组织对持续改进的承诺。质量目标应与质量方针保持一致，不能脱节和偏离（如顾客至上和顾客满意率）。质量方针相对稳定，质量目标却可能随时调整。

对质量目标的其他要求：

质量目标应适当展开。除有一个总目标外，还应层层分解。就是将上一级实现质量目标的措施变为下一级的质量目标；或者将上一级的质量目标分解成若干个小目标，由下一级完成。这样，有利于测量、分析、检查、考核和奖惩。质量目标的制定应是可测量的，但并不一定必须定量，定性也可以（如提高员工“以顾客为关注点”的认识）。

6．文件（3.8.5）

信息（3.8.2）及其载体。

示例：记录（3.8.10）、规范（3.8.7）、程序文件、图样、报告、标准

注 1：载体可以是纸张，磁性的、电子的、光学的计算机盘片，照片或标准样品，或它们的组合。

注 2：一组文件，如若干个规范和记录，英文中通常被称为“documentation”。

注 3：某些要求（3.6.4）（如易读的要求）与所有类型的文件有关，然而对规范（如修订受控的要求）和记录（如可检索的要求）可以有不同的要求。

在质量管理体系中使用下述几种类型的文件：

a）向组织内部和外部提供关于质量管理体系的一致信息的文件，这类文件称为质量手册；

b）表述质量管理体系如何应用于特定产品、项目或合同的文件，这类文件称为质量计划；

c）阐明要求的文件，这类文件称为规范；

d）阐明推荐的方法或建议的文件，这类文件称为指南；

e）提供如何一致地完成活动和过程的信息的文件，这类文件包括形成文件的程序、作业指导书和图样；

f）为完成的活动或达到的结果提供客观证据的文件，这类文件称为记录。

每个组织确定其所需文件的多少和详略程度及使用的媒体。这取决于下列因素，如组织的类型和规模、过程的复杂性和相互作用、产品的复杂性、顾客要求、适用的法规要求、经证实的人员能力及满足质量管理体系要求所需证实的程度。

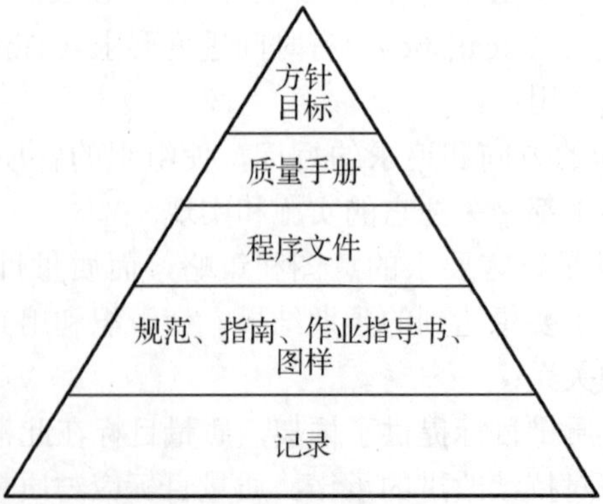

图 2-7　文件五层次

7. 过程（3.4.1）

利用输入提供预期结果的相互关联或相互作用的一组活动。

注 1：过程的“预期结果”究竟称为输出、产品还是服务随相关语境而定。

注 2：一个过程的输入通常是其他过程的输出，而一个过程的输出又通常是其他过程的输入。

注 3：两个或两个以上相互关联和相互作用的连续过程也可属于一个过程。

注 4：组织中的过程通常在可控条件下进行策划和执行，以增加价值。

注 5：不易或不能经济地验证其输出是否合格的过程，通常称之为“特殊过程”。

注 6：这是 ISO/ICE 导则，第 1 部分的 ISO 补充规定的附件 SL 中给出的 ISO 管理体系标准中的通用术语及核心定义之一，最初的定义已经被修订，以避免过程和输出之间循环解释，并增加注 1 至注 5。

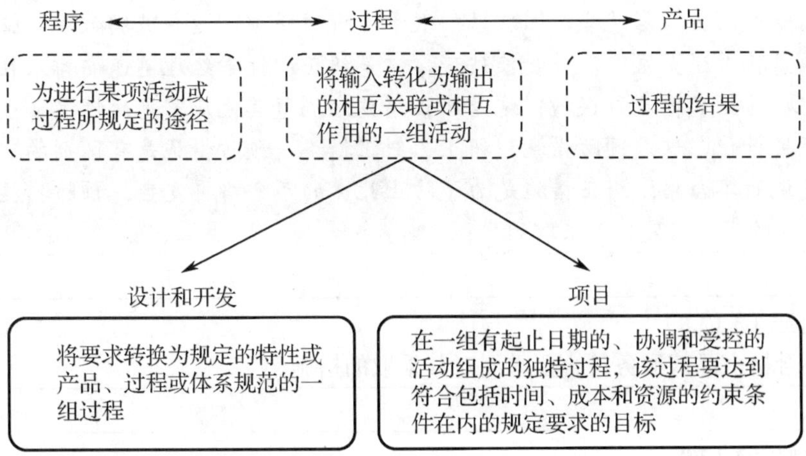

图 2-8 过程概念

8. 产品（3.7.6）

在组织和顾客之间未发生任何交易的情况下，组织产生的输出。

注 1：在供方和顾客之间未发生任何必然交易的情况下，可以实现产品的生产。但是当产品交付给顾客时，通常包含服务因素。

注 2：通常，产品的主要特征是有形的。

注 3：硬件是有形的，其量具有计数的特性（如轮胎）。流程性材料是有形的，其量具有连续的特性（如燃料和软饮料）。硬件和流程性材料经常被称为货物。软件由信息组成，无论采用何种介质传递（如计算机程序、移动电话应用程序、操作手册、字典、音乐作品版权、驾驶执照）。

9. 预防措施（3.12.1）

为消除潜在不合格或其他潜在不期望情况所采取的措施。

注 1：一个潜在不合格可能有若干个原因。

注 2：采取预防措施是为了防止发生，而采取纠正措施是为了防止再发生。

10．纠正措施（3.12.2）

为消除已发现的不合格或其他潜在不期望情况所采取的措施。

注 1：一个不合格可能有若干个原因。

注 2：采取纠正措施是为了防止再发生，而采取纠正措施是为了防止发生。

注 3：纠正和纠正措施是有区别的。

11．纠正（3.12.3）

为消除已发现的不合格情况所采取的措施。

注 1：纠正可连同纠正措施一起实施。

注 2：返工或降级可作为纠正的示例。

案例　一个人去饭店就餐，因玻璃门太干净进门误撞，造成玻璃破碎、脑袋出血。饭店人员紧急将人送至医院，并更换玻璃，这是纠正；大堂经理迅速安排人在玻璃上贴上醒目标记，防止其他人再误撞，这是纠正措施；隔壁其他店家见此情况，也在自家玻璃上贴上醒目标识，这是预防措施。纠正、纠正措施、预防措施是有区别的。纠正是为了消除已发现的不合格；纠正措施是为了防止此类的不合格再发生；预防措施是为了防止还没有发生的不合格发生而采取的措施。

12．返工（3.12.8）

为使不合格产品或服务符合要求而对其采取的措施。

13．返修（3.12.9）

为使不合格产品或服务满足预期用途而对其采取的措施。

注 1：不合格产品或服务成功返修未必能使产品符合要求。维修可能需要连同让步。

注 2：返修包括以前是合格的产品，为重新使用所采取的修复措施，如作为维修的一部分。

注 3：返修与返工不同，返工可影响或改变不合格产品或服务的某些部分。

14．顾客满意

顾客对其感受已被满足程度的感受。

注 1：在产品或服务交付之前，组织有可能不知道顾客的期望，甚至顾客也在考虑之中。为了实现较高的顾客满意，可能有必要满足那些顾客既没有明示，也不是通常隐含或必须履行的期望。

注 2：投诉是一种满意程度低的最常见的表达方式，但没有投诉并不一定表明顾客很满意。

注 3：即使规定的顾客要求符合顾客的愿望并得到满足，也不一定确保顾客很满意。

评价反馈

学生进行自评，评价自己是否完成认证分类判断，了解中国质量发展历史，掌握 ISO 9000 的含义，是否掌握 ISO 9000 的核心标准和其特点，是否具有良好的学习态度。

（1）学生自我评价，并将结果填入表 2–1 学生自评表中。

表 2–1　学生自评表

班级：	姓名：		学号：
学习情境 2	质量管理体系概述		
评 价 项 目	评 价 标 准	分　值	得　分
上课情况	不迟到，不早退，上课不开小差。	20	
线下学习	认真听讲，主动预习和复习课堂内容。	20	
线上学习	能够主动完成线上慕课学习，完成讨论、作业及相关测试。	20	
学习态度	学习积极主动，自制力较强。	20	
学习成效	基本达到学习目标，掌握七项基本原则和术语的基础知识。	20	
总　　分		100	

（2）教师对学生工作过程与工作结果进行评价，并将评价结果填入表 2-2 教师综合评价表中。

表 2-2 教师综合评价表

<table>
<tr><td colspan="6">班级： 姓名： 学号：</td></tr>
<tr><td colspan="2">学习情境 2</td><td colspan="4">审核计划编制</td></tr>
<tr><td colspan="2">评价项目</td><td colspan="2">评价标准</td><td>分值</td><td>得分</td></tr>
<tr><td colspan="2">考勤（20%）</td><td colspan="2">无迟到、早退、旷课现象</td><td>20</td><td></td></tr>
<tr><td rowspan="6">任务过程（80%）</td><td>线下学习</td><td colspan="2">认真学习，完成老师要求的作业，且质量较高。</td><td>20</td><td></td></tr>
<tr><td>线上学习</td><td colspan="2">线上学习认真，作业、测试、讨论质量较高</td><td>20</td><td></td></tr>
<tr><td>学习态度</td><td colspan="2">态度端正、无偷懒、玩手机等现象。</td><td>10</td><td></td></tr>
<tr><td>知识点掌握</td><td colspan="2">能准确回答问题，内容掌握熟练。</td><td>10</td><td></td></tr>
<tr><td>职业素养</td><td colspan="2">具备审核员独立思考、严谨认真等应具备的素养。</td><td>10</td><td></td></tr>
<tr><td>创新意识</td><td colspan="2">在任务完成过程中，具有良好的学习习惯，思维活跃，提出很有建设性的建议。</td><td>10</td><td></td></tr>
<tr><td colspan="4">合 计</td><td>100</td><td></td></tr>
<tr><td colspan="2" rowspan="2">综合评价</td><td>自评（50%）</td><td>教师评价（50%）</td><td colspan="2">综合得分</td></tr>
<tr><td></td><td></td><td colspan="2"></td></tr>
</table>

学习情境 3

ISO 9001：质量管理体系要求

教	本章节重点	ISO 9001 条款内容
	本章节难点	条款的应用、判标
	建议教授方法	讲授法、案例教学法，结合案例让学生理解标准条款的内涵，结合企业案例进行认证和审核运用
	建议学时	10 学时
学	推荐学习方法	1. 通过案例分析法理解条款的内容。 2. 小组讨论完成条款在企业认证和审核中的应用。 3. 通过练习完成判标
	学习目标	1. 理解 ISO 9001 条款的内涵。 2. 能够将企业出现的不符合与标准进行对应。 3. 作为审核方和被审核方掌握每个条款如何应用

扫一扫看本学习情景电子教学课件

学习任务 3-1　质量管理体系要求概述

扫一扫看微课视频：质量管理体系要求的理解

扫一扫看文档：GB/T 19001—2015 质量管理体系要求

学习情境描述

理发师傅安排学徒拿西瓜当顾客练手。学徒很用心、很刻苦，进步很快，师傅很满意，但指出他要改掉一个小毛病。什么毛病？学徒专注地在西瓜上完成“理发”杰作后，习惯地把剃刀甩插到西瓜上，然后去拿毛巾擦汗。学徒口中回答是，但实际并没当回事，结果在自己独立开店时，第一个顾客不出意外地发生了惨剧。

国产谍战类电视剧一直很受欢迎。在这类剧里，地下党组织负责人常常有个提醒新手的口头禅，就是“这是纪律”。不该你知道的，不到让你知道的时候的，你一个字都不该知道，无论这件事是大是小。一次两次不遵守纪律，可能没事，但对于地下工作，纪律一旦不成为纪律了，危险就会随时降临。所以，纪律就是纪律。

而对于组织，无论是自身质量管理体系要求、法律法规要求，还是 9001 要求，都应该成为企业遵循的“纪律”。

学习目标

（1）能够说出 ISO 9001 标准的正确名称。

（2）能够理解 ISO 9001 质量管理体系要求在体系架构和审核中的作用。

学习情境的相关知识点

知识点 1：标准的组成

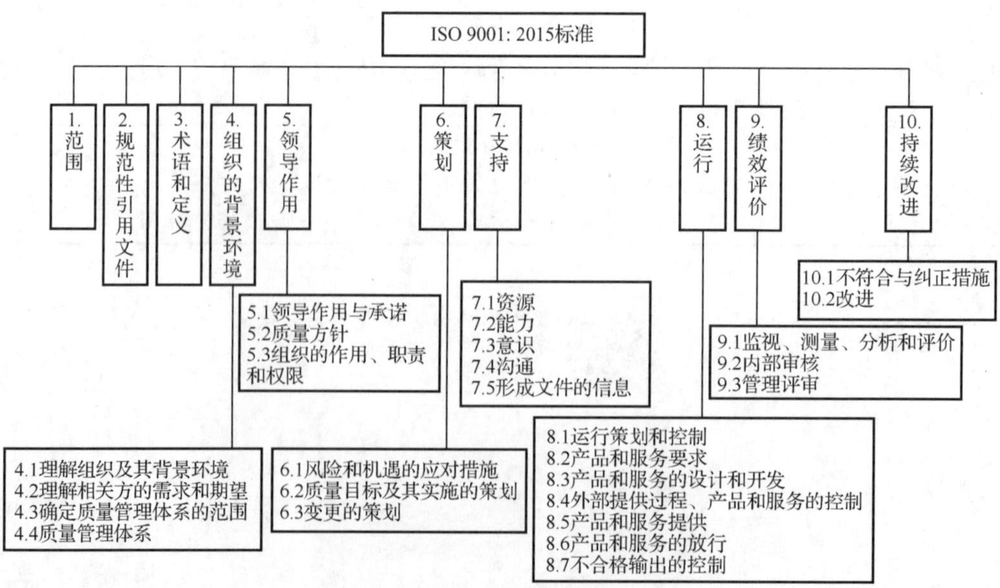

图 3-1　ISO 9001:2015 标准架构

2015 年 9 月 23 日，万众瞩目的 ISO 9001:2015 标准重磅发布，这是全球质量管理一个新的开始。ISO 9001 质量管理体系是目前应用范围最广、发证量最多的国际标准体系，自 1987 年问世以来，在 1994 年、2000 年、2008 年已经经历了三次转版。其如此受欢迎，还要归功于该标准为各类组织提供了通用的质量管理框架和思路，同时也为组织建立了能够提供满足顾客要求和法律法规要求的产品及服务的基本信心。

ISO 9001:2015 更加聚焦的核心目的是：产品和服务是否达到质量管理体系预期结果；顾客满意是否达到要求；最终是否朝着实现组织的战略方向努力。这才是评价质量管理有效性的终极标准。请看下面的案例。

一天中午，小王给饭店打电话："老板，晚上我想请几个同事来吃饭，你看可以不？"（接收客户合同电话）"当然可以，几个人，什么时候，想吃什么菜？"（8.2.1 顾客沟通，问询顾客要求）"5 个人，7 点来，准备点酒，随便准备点下酒菜。"（8.4.2 采购信息）"啤酒还是白酒或者红酒？"（8.2.1 顾客沟通）"就五粮液，另外准备一箱老金威，12 支那种。记得，牛肉要到南门李烧腊那里去买。"（8.2.1 顾客沟通）"好的，没问题"，老板随即记下。（8.2.2 与产品有关的要求的确定）。老板到厨房一看，晚上做菜的材料，有半只鸡，三支老金威，于是到市场上购买。在进行一番对比、挑选（8.4 采购过程控制）后，将原材料买回了店，将菜放好 （8.5.4 产品防护），将买回来的酒取了 5 支放在冰箱里，安排厨师开始做饭。

老板看了看，觉得炖汤的时间太久了，并且炉灶不够用，于是打电话给另一个饭店，让他们 7 点送一个南瓜绿豆排骨汤来（产品外包）。厨师发现好久没有做宫保鸡丁了，都忘了怎么做，于是找来《川菜 365》（8.5.1 生产和服务提供），炸花生米、炸蘑菇、拌芡粉，忙得不亦乐乎，自己尝了一块（9.1 产品监视）感觉不错，于是起锅上桌（产品交付）。吃饭时，小王吃了一块（8.4.3 采购产品的验证），发现宫保鸡丁不够熟，嘟哝了一句（9.1.2 顾客满意），然后叫老板回锅（8.7 不合格输出的控制），同事吃了一块，圆场："不错，这样吃起来味道正好"。（8.7.1 不合格品的让步使用），老板连忙解释："估计是时间不够（9.1.3 数据分析），下次一定注意（10.2 预防措施），请各位慢用。""老板家菜不错，这是我吃过的最好吃的一顿了。"（最终达到顾客满意）

图 3-2 ISO 9001:2015 标准案例图片

知识点 2：与 2008 版标准对比

2015 版标准更新了两个模型：过程模型和质量管理体系（QMS）结构模型。新版标准基于管理体系（MSS）高阶结构、基于风险的思维、领导力三个方面，从实体结构和思维结构的不同方向，为面向未来的 ISO 9001 构造了三大支柱。对质量管理体系（QMS）具有全局性的影响。

1）标准对比

MSS（管理体系标准）高阶结构与 ISO 9001:2008 相比，现在 2015 版是如下 10 个条款的结构，如表 3-1 所示。

表 3-1　ISO 9001 2008 版与 ISO 9001:2015 版条款章节对比说明

条款	ISO 9001:2008	ISO 9001:2015
1	范围	范围
2	规范性引用文件	规范性引用文件
3	术语与定义	术语与定义
4	质量管理体系	组织环境
5	管理职责	领导力
6	—	策划
7	资源管理	支持
8	产品实现	运行
9	测量、分析、改进	绩效评价
10	—	改进

2）领导力

ISO 9001 在改版过程中，有一个很重要的思想：要强化最高管理者在 QMS 内的作用，决心赋予最高管理者一个更积极的角色。毋庸置疑，最高管理者的参与和支持对于 QMS 实现预期结果、达成 QMS 有效性是至关重要的，而现实的矛盾在于最高管理者的参与程度实际上有所下降。因此，新版标准试图在多个方面强化领导力在 QMS 中的作用。

3）基于风险的思维

基于风险的思维融合到新版标准的全过程，并且在 QMS 策划和审核过程中，都应该主动地应用基于风险的思维，以增强顾客的信心和满意度，确保持续提供合格的产品和服务，在组织内部建立积极的预防和改进文化，实现持续成功。

4）质量管理原则变更

质量管理原则是 ISO 9001 质量管理体系标准建立的理论基础，本次标准修订时重新评估了这些质量管理原则，将其中的原则之一“管理的系统方法”合并到过程方法。现在变成了 7 项质量管理原则。

措辞变更如表 3-2 所示。

表 3-2 ISO 9001:2008 版与 2015 版措辞对比说明

ISO 9001:2008	ISO 9001:2015
产品	产品和服务
删减条款	—
管理者代表	—
文件、质量手册、文件化程序、记录	文件化信息
工作环境	过程运行环境
采购的产品	外部提供的产品和服务
供应商	外部供方
监视和测量设备	监视和测量资源

5）68 项主要的修订

在标准的核心要求方面，从标准条款 4.1 到 10.3，总共有 68 处主要的修订（视不同的理解和评价准则，这个数字的认定也许是不同的，关键在于理解标准的要求）。这些修订有的是全新的，有的只是改变描述方式以澄清和明确要求。

与 ISO 9001:2008 标准的对比可以更好地帮我们厘清最新版质量管理体系要求关注的要点。

学习任务 3-2　范围、引用文件、术语及定义

学习情境描述

公司计划 2022 年通过 ISO 9001 认证，公司质量部负责体系的架构和质量文件的撰写，质量部的小吴对 ISO 9001 还停留在听说过的阶段，他提出了几个问题：①公司产品合格率逐年上升，为什么还要申请 ISO 9001 认证？哪些企业可以申请 ISO 9001 认证？②ISO 9001 到底从哪些方面对企业的管理提出了建议？带着问题我们一起走进 ISO 9001 的世界！

学习目标

（1）能够了解 ISO 9001 面向的组织范围。

（2）能够理解 ISO 9001 引用文件的标注方式。

（3）遇到不理解的术语时，能够准确了解查询的方法。

学习情境的相关知识点

知识点 1：范围

1．范围

本标准为有下列需求的组织规定了质量管理体系要求：

a）需要证实其具有稳定的提供满足顾客要求和适用法律法规要求的产品和服务的能力；

b）通过体系的有效应用，包括体系持续改进的过程，以及保证符合顾客和适用法律法规要求，旨在增强顾客满意。

注 1：在本标准中，术语“产品”仅适用于：

a）预期提供给顾客或顾客所要求的商品和服务；

b）运行过程所产生的任何预期输出。

注 2：法律法规要求可称作为法定要求。

注：所有框内文字为 ISO 9001:2015 标准原文，后同。

条款理解：本标准是为有下列要求的组织制定的：

（1）需要向顾客提供质量保证，证明组织具有能力，同时能稳定地提供满足顾客要求、符合法律法规要求的产品。

（2）组织能有效运行质量管理体系，持续改进体系和预防不合格过程，增强顾客满意。

（3）适用于各个类型、不同规模和提供不同产品的组织，如企业、公司、研究所、事业单位、国家机关、社会团体等。

知识点 2：引用文件

2．规范性引用文件

下列文件中的条款通过本标准的引用而构成本标准的条款。凡是标注日期的引用文件，只有引用的版本适用。

凡是不注日期的引用文件，其最新版本（包括任何修订）适用于本标准。

ISO 9000:2015 质量管理体系基础和术语

条款理解：

（1）本标准中引用下列文件的条款，也称为本标准的条款。

（2）凡注明日期的引用文件，对随后所有更改和修订等，均不适用于本标准；凡是不注明日期的引用文件，其最新版本均适用于本标准。

（3）鼓励组织使用文件的最新版本。

知识点 3：标准所使用的术语和定义

3．术语和定义

本标准采用 ISO 9000:2015 中所确立的术语和定义。

学习任务 3–3　组织的背景环境

学习情境描述

如今，越来越多的年轻人将追求“国潮”作为表达自我情怀和时尚态度的新形式，而老字号恰好是对中国传统文化的一种传承。“国潮”的兴起为部分老字号的品牌复兴提供了契机，也不断开拓“国潮”新领域。下面来看两个意想不到的但顺应环境潮流的跨界合作案例吧！

国民级汉字字典《新华字典》与国货美妆品牌羽西两度合作，先是跨界推出了“新华字典迷你链条包”，一比一地还原了《新华字典》的尺寸，并以《新华字典》的封面作为链条包的外观图案。

想过喝一口六神花露水味鸡尾酒吗？在 2018 年 6 月，上海锐澳酒业公司和上海家化公司联合出品的一款限量 RIO 六神花露水味鸡尾酒。在竞争激烈的酒品行业中这款产品当时就火起来了，17000 瓶 RIO 六神花露水味鸡尾酒在 1 分钟后售罄，在接下来的一段时间里，锐澳公司只能用抽奖的形式来满足消费者的订购。

扫一扫看微课视频：条款 4 组织的背景环境的要求（上）

扫一扫看微课视频：条款 4 组织的背景环境的要求（下）

通过上面的两个案例可以看出，背景研究对产品的组织运行有着非常重要的意义。组织应根据市场做出改变，包括产品生产体系升级、产品体系创新和营销模式创新。2015 版

ISO 9001 在 2008 版的基础上增加了背景环境条款。

学习目标

（1）能够理解 ISO 9001 中 4.1 条款组织及背景环境对组织质量体系架构的作用。

（2）能够了解 ISO 9001 中 4.2 相关方的范围，理解相关方需求调查的重要性、要求的相关内容。

（3）了解 ISO 9001 的删减范围、删减原则、删减要求。

（4）掌握审核员对审核组织背景的审核要点及审核内容。

学习情境的相关知识点

知识点 1：理解组织及背景环境

> **4.1　理解组织及其背景环境**
>
> 组织应确定与其宗旨和战略方向相关并影响其实现质量管理体系预期结果的能力的各种外部和内部因素。
>
> 组织应对这些内部和外部因素的相关信息进行监视和评审。
>
> 注 1：这些因素可能包括需要考虑的正面和负面要素或条件。
>
> 注 2：考虑来自国内、国际区域和地方的各种法律法规、技术、竞争、市场、文化、社会和经济环境因素，有助于理解外部环境。
>
> 注 3：考虑与组织的价值观、文化、知识和绩效等有关的因素，有助于理解内部环境。

条款理解：

本条款要求组织对内部和外部因素进行监视和评审，从内外部的环境方面来保证其实现质量管理体系预期结果的能力。

组织的外部环境，包括但不限于：

（1）国际、国内、区域或地方的文化、社会、政治、法律法规、财政金融、技术、经济、自然和竞争环境；

（2）与外部利益相关方的关系及其观点；

（3）顾客不断变化的需求。

组织的内部环境包括组织的价值观、文化、知识和绩效等；组织的内部环境，包括但不限于：

（1）治理、组织架构、角色和责任；

（2）方针、目标及实现它们的战略；

（3）资源与知识的理解能力（如资本、时间、人力、流程、系统和技术）；

（4）信息系统、信息流和决策过程（正式和非正式的）；

（5）与内部利益相关方的关系，以及它们的感受和价值观；

（6）标准、指南和组织采用的模式；

（7）合同关系的形式和范围。

知识点 2：理解相关方的需求和期望

4.2　理解相关方的需求和期望

由于相关方对组织持续提供符合顾客要求和适用法律法规要求的产品和服务的能力具有影响或潜在影响，因此组织应确定：

a）与质量管理体系有关的相关方；

b）与质量管理体系有关的相关方的要求。

组织应对这些相关方及其要求的相关信息进行监视和评审

条款理解：

（1）为确保组织能稳定地提供满足顾客要求和适用法律法规要求的产品和服务，有必要对组织的相关方进行相应的控制。即从相关方和相关方的需求层面来进行监视和评审以达到控制其对组织的影响。

（2）组织应将那些对质量管理体系有影响的各方判定为相关方，以下是一些潜在相关方。

——顾客；

——最终用户或受益人；

——业主、股东；

——银行；

——外部供应商；

——雇员及其他为组织工作者；

——法律法规及监管机关；

——地方社区团体；

——非政府组织。

（3）相关方的要求会表现在很多方面，如可包括：

——顾客对事物的要求，如符合性、价格、安全性；

——已与顾客或外部供应商达成的合同；

——行业规范及标准；

——许可、执照或其他授权形式；

——条约、公约及草案；

——和公共机构及顾客的协议；

——组织契约合同的承担义务。

（4）为了解相关方的需求及期望，组织可进行下列活动：

① 通过以下方式收集信息：

——头脑风暴；

——游说和网络；

——水平对比；

——主动调查；

——监视顾客需求、期望及满意。

② 通过以下方面建立确定相关性的准则：

——对组织绩效或决策的潜在影响或损害；

——利益相关方产生风险及机遇的能力；

——被组织决策或活动影响的能力。

（5）组织需建立相关的准则，并利用该准则判定利益相关方及其相关要求。

（6）进行策划时（本标准第 6 章的要求），应考虑以上所述活动中获得的信息。

（7）组织应意识到各利益相关方及其要求可能是不断变化的，因此应定期进行监控及评审。

案例 3–1　某组织的负责人在接受审核员提问时说："我们生产线上天天忙得没空休息，几乎满负荷运转，我们把生产管理好就行了，哪有时间去听相关方的反馈意见？再说他们哪有我们在行，他们的意见也没有什么意义。"

分析　标准 4.2 规定"组织应对这些内部和外部因素的相关信息进行监视和评审"，顾客的意见是组织外部因素中比较重要的信息，组织需要有监视和评审意见，生产线上忙并不意味着相关方就都满意，更不是说没有改进的必要。

知识点 3：确定质量管理体系的范围

4.3　确定质量管理体系的范围

组织应界定质量管理体系的边界和适用性，以确定其范围。

扫一扫看微课视频：条款 4.3 案例解析

在确定范围时，组织应考虑：

a）内部和外部因素，见 4.1；

b）相关方的要求，见 4.2。

如果本标准的全部要求适用于组织确定的质量管理体系范围，组织应遵循本标准的全部要求。

组织的质量管理体系范围应作为形成文件的信息，可获得并得到保持。该范围所覆盖的产品和服务类型，如果组织确定本标准的某些要求不适用于其质量管理体系范围，应说明理由。

除非组织所确定的范围不适用于其质量管理体系的标准要求，不影响组织确保其产品和服务合格，以及增强顾客满意的能力和责任，否则不能声称符合本标准要求。

条款理解：

ISO 9001 标准所规定的质量管理体系要求是通用的，可以适用于不同行业、不同类型、不同规模和提供不同产品的组织。

组织在建立和实施质量管理体系时，如果标准中的任何要求与组织及其产品特点不相适应，组织都可以考虑对这些要求进行删减。

但是，如果组织声称要符合 ISO 9001 标准，如进行质量管理体系认证审核，删减就应该符合以下条件：

（1）删减后不影响组织确保其产品和服务合格的能力和责任；

（2）删减后不影响组织增强顾客满意的能力和责任。

案例 3-2 某工程公司只有施工资质，没有设计资质，在进行质量管理体系认证审核时就可以考虑对 8.3 产品和服务的设计和开发。

分析 组织是否能够删减标准的某些要求，关键在于是否存在需要删减的相关活动。如该工程公司可以删减条款 8.3。

案例 3-3 某房地产开发公司，其工程项目设计是外包的、施工是外包的，虽该公司对这些外包项目都应承担责任，但也可以删减条款 8.3。

分析 因为公司对这些外包项目都应承担责任，所以不能删减条款 8.3。

注：2015 版删减应仅限于标准第 7.1.5 节和第 8 章，且不影响组织确保产品和服务满足要求和顾客满意的能力和责任。过程外包不是正当的删减理由。

知识点 4：质量管理体系

4.4 质量管理体系

4.4.1 总则

组织应按本标准的要求，建立、实施、保持和持续改进质量管理体系，包括所需过程及其相互作用。

组织应确定质量管理体系所需的过程及其在整个组织中的应用，且应：

a）确定这些过程所需的输入和期望的输出；

b）确定这些过程的顺序和相互作用；

c）确定和应用所需的准则、方法（包括监视、测量和相关绩效指标），以确保这些过程有效地运行和控制；

d）确定这些过程所需的资源并确保其可用性；

e）分派这些过程的职责和权限；

f）应对按照 6.1 的要求所确定的风险和机遇；

g）评价这些过程，实施所需的变更，以确保实现这些过程的预期结果；

h）改进过程和质量管理体系。

4.4.2 在必要的范围和程度上，组织应：

a）保持形成文件的信息以支持过程运行；

b）保留能够确信其过程按策划进行的形成文件的信息。

条款理解：

本条款提出了组织建立实施质量管理体系的基本要求，是要求组织按照本标准要求建立自身的质量管理体系，并保留形成文件的信息；实施和保持体系并持续改进其有效性。体系总则的思路是过程方法的思路。组织应对质量管理体系相关的过程进行系统的识别和管理。识别这些过程的思路体现了 PDCA 的过程特征。

组织需识别出质量管理体系所需全部过程，这些过程多种多样，不同复杂程度对产品的影响程度有所区别。确定这些过程的顺序和相互作用，这些过程有的简单，有的复杂；有的是一般过程，有的是特殊过程或关键过程。在具体操作时，可以按照“输入→转化→监测→输出”的思路来进行。在识别过程的顺序和相互作用时，可以按照 P（策划）→D

（实施）→C（检查）→A（处置）的思路来进行。要注意的是，过程相互之间的关系可能是很复杂的。

组织还需要确保过程所需的资源到位，才能使过程有效运作，并适时评价这些过程和实施所需的变更，以确保实现这些过程的预期结果。

但对于任何过程，我们都需要搞清楚过程所需要的输入和预期的输出；是否存在非预期的输出或过程失效，这些非预期输出是否会影响到产品的交付或顾客满意。通过对过程的有效控制达到对质量管理体系的结果控制。

组织还应在策划时，考虑需要应对的风险和机遇，并保证形成文件的信息以支持过程运行。

学习任务 3-4　领导作用

扫一扫看微课视频：条款 5 领导作用

学习情境描述

2019 年 1 月，某公司生产的一个批次产品，在成品入库时检查锡膏（焊接材料）黏度为 178 Pa（规格要求是 180～220 Pa）。品质检测人员立即将异常情况汇报给管理人员，管理人员了解了详细的制造过程：制造过程中的检查结果是 183 Pa，在正常范围内，成品入库的时候因为取样的位置不同及测试仪器的正常误差，导致测试结果为不合格。按照当时的价格，这批产品总计价值 46 万元人民币。面对如此巨额的损失，车间主任提出自己的方案：

第一，锡膏的黏着度只有制造厂才可以测试，客户根本没有仪器测试黏度，所以不存在客户投诉及退货问题。

图 3-4　领导作用案例图片

第二，黏着度不直接影响客户的产品功能，只是在使用过程中对客户的使用效率略有影响，但并不明显。综合上述风险评估，生产部建议此批次产品让步放行出货。

总经理听完生产车间的建议后，脸上没有任何表情，转身走了。

没过一会儿，总经理秘书通知各部门中层到会议室开会，总经理非常严肃地宣布：

第一，这个批次的产品列为废品处理。

第二，品质部核查库存该批次所用的助化溶剂，采用内部测试及外部第三方测试双重确认。

第三，异常原因未查明前，由技术部发文冻结所有与该批次相关联的材料。

第四，品质控制将黏度纳入 SPC 控制计划，在制造过程中实施预警措施。

第五，销售部与客户沟通交货期限或从总部调拨类此产品为客户供货。

宣布完决定后，总经理开始对本次事件进行总结检讨："我们不能因为客户不知道，也不能认为对客户没有影响，而忽略我们改进的态度和进取的步伐。46 万元是一笔不小的损失，但是我们不能有敷衍了事的想法，因为有了第一次，就会有第二次，有了两次、三次那就成习惯了，这样的"习惯"会将我们所有的努力成果全部毁灭。在这件事上我们都报有侥幸的态度，过程检查 183 Pa，正常吗？为什么不能做到 200 Pa？客户不知道！客户是上帝，欺骗上帝是什么后果大家知道吗？预防才是防止公司产生巨大损失的法宝，投机取巧只会丢失客户和市场。"

总经理的这一课，让在场的中层管理者感到震撼，公司高层对企业质量价值理念的坚守，也通过中层管理者向企业全员延伸，逐渐成为深深植根企业的质量价值文化。

? 问题引导 1：领导在质量管理中的作用是什么？____。

? 问题引导 2：假设你是总经理，是否会赞成以上做法，你会怎样做？____。

学习目标

（1）能够理解 ISO 9001 的领导作用通过哪些方面体现。

（2）能够理解领导在以顾客为关注焦点、质量方针、职责权限等方面的作用。

（3）掌握审核员审核领导作用的要点及审核内容。

学习情境的相关知识点

知识点 1：领导作用与承诺

5.1　领导作用与承诺

5.1.1　总则

最高管理者应证实其对质量管理体系的领导作用和承诺，通过：

a）对质量管理体系的有效性承担责任；

b）确保制定质量管理体系的质量方针和质量目标，并与组织环境的战略方向一致；

c）确保质量管理体系要求融入组织的业务过程；

d）促进使用过程方法和基于风险的思维；

e）确保质量管理体系所需的资源是可用的。

f）沟通有效的质量管理和符合质量管理体系要求的重要性；

g）确保质量管理体系实现其预期结果；

h）促进、指导和支持人员为质量管理体系的有效性做出贡献；

i）推动改进；

j）支持其他相关管理者在其职责范围内发挥领导作用。

注：本标准使用的“业务”一词可广义地理解为涉及组织存在目的的核心活动，无论是公营、私营、赢利或非营利组织。

5.1.2　以顾客为关注焦点

最高管理者应通过确保以下方面，证实其以顾客为关注焦点的领导作用和承诺：

a）确定、理解并持续地满足顾客要求以及适用的法律法规要求；

b）确定和应对能够影响产品和服务的符合性及增强顾客满意能力的风险和机遇；

c）始终致力于增强顾客满意。

条款理解：

最高管理者应确保在组织内树立顾客意识，以顾客为关注焦点，确保全体员工理解组织与顾客的依存关系。组织的生存和发展依存于顾客，组织应满足顾客要求并不断提高顾客满意程度；最高管理者应将满足顾客要求并不断增强顾客满意作为组织的追求。

组织在建立质量目标时，应考虑到顾客对产品的要求。最高管理者应确保将顾客要求转化为产品要求的目标并使之得到实现，这样才能稳定提供满足顾客和相关法规要求的产品和服务。组织还应针对顾客的不满意信息，通过改进，力求使顾客满意。

案例 3-4 在审核生产部门时，审核员发现图纸上有两种颜色的修改，都有批准人签字，就问生产车间主任小王是什么情况。小王说，第一种颜色的修改是顾客提出的要求，第二种颜色的修改是因为顾客的要求我们很难达到，即使达到了，合格率不高，也不划算，于是又根据实际生产情况进行了第二次修改，这样合格率提高不少呢。

分析 组织需要提供满足顾客要求的产品和服务，不能因为合格率不够高就私自修改顾客要求，而是应该提升组织能力以提高顾客满意。该部门领导的行为不符合 ISO 9001:2015 5.1.2 规定的要求。

5.2 方针

5.2.1 制定质量方针

最高管理者应制定、实施和保持质量方针，质量方针应：

a）适应组织的宗旨和环境并支持其战略方向；

b）为建立质量目标提供框架；

c）包括满足适用要求的承诺；

d）包括对持续改进质量管理体系的承诺。

5.2.2 沟通质量方针

质量方针应：

a）作为形成文件的信息，可获得并保持；

b）在组织内得到沟通、理解和应用；

c）适用时，可为相关方所获取。

条款理解：

质量方针是由组织的最高管理者正式发布的该组织的总的质量宗旨和放行。质量方针通常是组织总方针的一部分或全部组织总方针。质量方针是实施和改进组织质量管理体系的动力。

质量方针由最高管理者制定，最高管理者应对质量方针的实现负责。

组织的内部和外部环境会不断发生变化，这些变化可能会导致组织的质量方针发生变化。因此，组织应对质量方针的持续适宜性进行评审，并在需要时进行适当的修订。质量方针的评审可以在管理评审时进行，也可根据具体情况不定期进行。应确保质量方针适应组织宗旨、满足顾客要求，并使质量管理体系的有效性得到持续改进。

案例 3-5 一位仓库保管员说，他不清楚公司的质量方针内容是什么，他认为仓库保管员只要按规定做好自己的本职工作就行了。

分析 质量方针应“在组织内得到沟通”。事实上仓库保管员是组织的一员，他不仅需要了解质量方针的内容，还需要了解他所从事活动的重要性，以及他所在岗位的质量目标。仓库保管员不清楚公司的质量方针，不符合 ISO 9001:2015 5.2.2（b）规定的要求。

5.3　组织的岗位、职责和权限

最高管理者应确保组织内相关岗位的职责、权限得到分派、沟通和理解。

最高管理者应分派职责和权限，以：

a）确保质量管理体系符合本标准的要求；

b）确保各过程获得其预期输出；

c）报告质量管理体系的绩效及其改进机会（见 10.1），特别是向最高管理者报告；

d）确保在整个组织推动以顾客为关注焦点；

e）确保在策划和实施质量管理体系变更时保持其完整性。

条款理解：

组织内职责权限的规定是组织机构的组成部分，是确保质量管理体系运行有效性和效率的关键。最高管理者应确保组织内的职责权限得到明确的规定和有效沟通。组织内部职责权限的规定应遵循现代质量管理的基本原理和原则，应确保各级机构和人员承担的职责、拥有的权限和应有的利益之间的一致性。职责权限的内部沟通是为了有效履行这些规定，从而保证职责权限规定真正有效。

最高管理者通过组织内的相关规定，对过程的相互作用进行控制，并产生期望的结果，达到顾客满意的效果。最高管理者应确保对组织的质量管理体系进行策划，组织的绩效和改进需求需要报告给最高管理者。

案例 3-6　审核组在对厂部办公室进行审核，审核组组长问谢主任，质量管理体系中有哪些职能过程的活动由办公室负责。谢主任说，办公室与质量管理体系相关的活动主要是行政文件的管理和培训，行政文件的管理我们负责义不容辞，但是培训工作也要我们负责，实在很难做。因为我们厂办一共 6 个人，要负责文秘，管理接待，协调各个车间各个处、室的矛盾，还要调派厂里的公务用车，实在是太忙了。我已经向厂长建议过培训这个工作放到质管办。

分析　厂部办公室各个人员的职责和权限不是很明确，谢主任把事情笼统合计，得出忙不过来的结论，并没有说明是哪个员工忙不过来，还是说 6 个员工都忙不过来。根据条款 5.3，谢主任应该对每个人的职责权限有具体安排，但案例没有反映出来他有这个安排。

学习任务 3-5　策划

扫一扫看微课视频：条款 6 策划

学习情境描述

在这个越来越需要推广、营销的时代，策划被不断提及，无论个人、企业、自品牌、产品等都将策划放在重要位置，力图通过各式策划，规避风险、提升知名度及产品销量。策划很重要，大家都知道，为什么需要策划？原因很简单也很直接，促进产品购买量、增强品牌影响力、提高市场关注度，等等。事实上，人们并不是完全清晰地了解策划，而是市场格局变化之后，市场倒逼人们主动选择策划，期望通过策划解决各种问题。策划倡导针对商家自身特点进行精准、实效规划，同时讲究整合资源、量力而为，从而协助商家发展。策划对各类型商家来说都适用，往往可以起到开扩思路、颠覆思维、走出固化、发现新意的作用。

? 问题引导 1：你觉得从质量的角度，组织在哪些方面需要进行策划？____。

? 问题引导 2：假如你是企业管理者，你将如何进行策划？____。

学习目标

（1）能够理解组织做风险和机遇的方式。
（2）能够了解质量目标的实现及策划。
（3）掌握审核员对策划管理的要点及审核内容。

学习情境的相关知识点

知识点 1：应对风险和机遇的措施

6.1　应对风险和机遇的措施

6.1.1　在策划质量管理体系时，组织应考虑到 4.1 所描述的因素和 4.2 所提及的要求，并确定需要应对的风险和机遇，以：

a）确保质量管理体系能够实现其预期结果；
b）增强有利影响；
c）避免或减少不利影响；
d）实现改进。

6.1.2　组织应策划：

a）应对这些风险和机遇的措施；
b）如何：
1）在质量管理体系过程中整合并实施这些措施（见 4.4）；
2）评价这些措施的有效性。

应对风险和机遇的措施都应与其对产品和服务符合性的潜在影响相适应。

注 1：应对风险可选择规避风险，为寻求机遇承担风险，消除风险源，改变风险的可能性或后果，分担风险，或通过信息的充分决策保留风险。

注 2：机遇可能导致采用新实践，推出新产品，开辟新市场，赢得新顾客，建立合作伙伴关系，利用新技术及其他可取和可行的事物，以满足组织或顾客需求。

条款理解：

ISO 9001 中始终贯穿基于风险的方法。标准将基于风险的方法更加明确，并将其融入质量管理体系的建立、实施、维护和持续改进的要求中。组织可选择制定比标准中要求更加全面的基于风险的方法，ISO 31000《风险管理 原则和指南》提供了适用于特定组织环境的规范的风险管理指南。

质量管理体系的各个过程在组织实现其目标方面的风险水平并不一致，过程、产品、服务或体系的不符合情况因组织而异。对一些组织而言，交付不合格的产品和服务的后果可能只是造成顾客轻微的不便；而对于其他组织，这样做的影响可能是深远和致命的。因此，“基于风险的方法”意味着在建立质量管理体系及其组成过程和活动时，定性（根据组织环境，定量地）地考虑风险。

ISO 9001:2015《质量管理体系 基础和术语》给出了有关风险的定义。风险是针对预期结果不确定性的影响。对偏离预期的影响，可以是正面或负面的，不确定性是缺乏关于事件、后果或可能性的了解。风险通常被形容为潜在“事件”（如 ISO 导则 73:2009，3.5.1.3 定义）和“后果”（如 ISO 导则 73:2009，3.6.1.3 定义），或二者的结合。风险通常被表述为某个事件（包括环境变化）的后果及其发生“可能性”的组合。术语“风险”有时仅表达负面后果的可能性。

所以通常认为风险是负面的。在基于风险的方法中，也可以发现机会，即正面的风险。

案例 3-7　YG 公司是 L 省一家生产铝型材的公司。1991 年，该公司获得信息，生产彩色铝型材将成为 20 世纪 90 年代我国铝型材的发展趋势。当时我国还没有一家企业生产这种产品。

图 3-5　应对风险和机遇措施案例图片

1992 年 YG 公司获得银行贷款，从意大利引进了全国第一条彩色铝型材自动生产线。在意大利专家的技术指导下，于 1993 年年底全部安装完毕。

但 1994 年刚正式投产就出现了问题。只好再请意大利专家回来，并给予员工培训，至 1995 年终于可以正式投入运行。

此时国内已经有 8 家企业生产彩色铝型材了。所以 YG 公司一直打不开市场销路。虽然生产能力有 7000 吨，但实际销售才 300 吨。

分析 YG 公司在前期策划就没有按照 6.1 策划条款进行，更没有考虑到 4.1 环境的变化，技术变革，完全没有预料到需要面对的风险是什么。如果 YG 公司按照 6.1 的条款进行策划，有应对风险和机遇的措施，就不会陷入现在的落魄境地。

知识点 2：质量目标及其实现的策划

6.2 质量目标及其实现的策划

6.2.1 组织应在相关职能、层次和质量管理体系所需的过程建立质量目标。

质量目标应：

a）与质量方针保持一致；

b）可测量；

c）考虑适用的要求；

d）与产品和服务合格及增强顾客满意相关；

e）予以监视；

f）予以沟通；

g）适时更新；

组织应保持有关质量目标的形成文件的信息。

扫一扫看微课视频：条款 6.2.1 案例解析

6.2.2 策划如何实现质量目标，组织应确定：

a）做什么；

b）所需的资源；

c）由谁负责；

d）何时完成；

e）如何评价结果。

条款理解：

质量目标应满足多方面的要求，如产品的功能特性、材质、工艺、安装、服务、包装、交付等。目标是具体的可测量的，意味着目标可以得到有效监控。质量目标应该是可以层层分解下去的、是量化的、可测量的。例如，将期末考试成绩作为短期目标，等期末成绩出来的时候就很容易知道这个目标实现了没有。

策划目标的实现，组织可以从 what（做什么）；who（谁来做，还需要什么样的资源配置）；whose（谁的责任）；when（什么时间可以做好）；how（如何评价）。可以总结为四个 w，一个 h。

案例 3-8 审核组组长询问设备部的质量目标和指标，小李回答："根据酒店下发的文件，涉及设备部的有 2 项，一项是水电费用下降 5%，第二项是维修费用下降 6%。"并取出文件递给审核组长，组长查阅了这份年初下发的文件，小李所述得到证实。组长又指出质量目标第二条"顾客满意率大于 96%"询问工程部如何落实。小李说顾客满意度主要取决于前台部门，设备部的任务就是保证设备的正常运行，这方面我们一直有良好的记录。审核组长仍抓住这个问题，询问设备部对这一目标的落实措施，小李说："我已经说过，我们的任务是保证设备正常运行，这个指标跟我们没什么关系"。

分析 质量目标需要在各部门、各层面上进行分解，设备部的顾客满意度质量目标不明确，不符合 6.2 条款。

知识点 3：变更的策划

6.3 变更的策划

当组织确定需要对质量管理体系进行变更时，变更应按所策划的方案实施（见 4.1）。

组织应考虑：

a）变更目的及其潜在后果；

b）质量管理体系的完整性；

c）资源的可获得性。

职责和权限的分配或再分配。

条款理解：

变更的策划是从组织的角度主动寻求改变。这个变更是为更好地适应外部环境的变化，识别风险和机遇。组织需要对变更后的情况进行必要的评价，并在实施前得到授权人员的批准。

学习任务 3-6　支持

扫一扫看微课视频：条款 7 支持（下）

扫一扫看微课视频：条款 7 支持（上）

学习情境描述

企业资源和能力对企业战略的意义：①企业资源和能力决定企业的竞争优势，企业的竞争优势来自企业资源和能力。一个企业所实行的战略很快可以被竞争对手模仿，但一个企业的资源和能力是很难被模仿的。所以，企业在制定企业战略时，应首先考虑企业所拥有的资源和能力，没有资源和能力支持的战略是不可能成功的。②发展企业关键的资源和能力是企业可持续发展的关键。基于资源的战略管理理论认为，企业的竞争优势来自所拥有的资源和能力，企业若拥有关键资源和能力，则有助于企业获取高于行业平均水平的利润。企业每年具体能实现多少利润虽然并不完全取决于企业所拥有的资源和能力，也受环境变化的影响，但从长远看，资源和能力决定了企业的长期发展趋势。因此，企业要保持可持续发展的潜力，必须发展关键资源和能力。

? 问题引导 1：你觉得企业的资源有哪些类型？____。

? 问题引导 2：作为组织一员，你将如何对企业的资源进行管理？____。

? 问题引导 3：作为审核员，你将如何对企业资源进行审核？____。

学习目标

（1）了解企业资源类型。

（2）掌握企业资源的管理流程。

（3）掌握审核员对审核资源管理的要点及审核内容。

学习情境的相关知识点

知识点 1：资源

> **7.1　资源**
>
> **7.1.1　总则**
>
> 组织应确定并提供为建立、实施、保持和持续改进质量管理体系所需的资源。
>
> 组织应考虑：
>
> a）现有内部资源的能力和局限性；
>
> b）需要从外部获得的资源。

条款理解：

资源是组织建立、实施、保持和持续改进质量管理体系，实现组织目标的必要条件。这个资源是广义的概念，包括组织的内部资源和借用的外部资源。而内部资源又包括人员、基础设施和过程运行环境等。要说明的是，外部资源一旦为组织使用，就应该纳入质量管理体系进行控制。

组织确定并提供资源的主要目的：

（1）实现、保持和持续改进质量管理体系。由于外部环境的不断变化，质量管理体系为适应这种变化，就要不断地对体系过程的有效性予以改进；而过程的实施和改进离不开资源的投入，所以资源的提供是动态的。

（2）提高顾客满意。由于顾客的需求在变化，组织为了持续达到并提高顾客满意，需要及时调整自身的资源。

7.1.2 人员

组织应确定并配备所需的人员，以有效实施质量管理体系并运行和控制其过程。

条款理解：

人员是组织最重要、最根本的资源。应包括人的技术等级和精神状态。

体系对各级各类人员都有一项基本要求，即人员的能力应该能胜任本岗位工作的需要。人员的能力来自于人的基本素质及其适当的教育、培训、技能和经验的积累。在这里考虑的是人员的综合素质和综合能力，片面强调某一侧面是不恰当的。

案例 3-9 审核员在了解耐压检验工序的过程，他问检验员田玉："你担任的检验员是什么时候培训的？看看你的上岗证好吗？"田玉取了她的上岗证，审核员看到田玉是一年前经机加工培训合格后，任命为机加工检验员的。田玉解释说："这里的检验员生病了，好几个月都没有办法上班，所以组长让我过来，让我边干边学。"好在田玉和其他员工配合得不错，没有出现过什么差错。

分析 标准说明：人员的能力应该能胜任本岗位工作的需要，耐压检验员持有的上岗证明是机加工检验的，虽然当时没有出什么问题，一旦遇到特殊情况还是存在潜在风险。所以本案例的情况不符合 ISO 9001:2015 7.1.2 规定的要求。

7.1.3 基础设施

组织应确定、提供并维护所需的基础设施，以运行过程并获得合格的产品和服务。

注：基础设施可包括：

a）建筑物和相关的设施；

b）设备，包括硬件和软件；

c）运输资源；

d）信息和通信技术。

扫一扫看微课视频：条款 7.1.3 案例解析

条款理解：

基础设施是组织提供合格产品的物质保证，组织应确定、提供和维护为达到产品符合要求所需的基础设施。

根据标准规定，基础设施可以包括

（1）建筑物：工作场所（如办公室、生产车间等）和相关的设施。如水、电、气供应的设施。

（2）支持性服务：交付后活动的维护网点、配套用的运输或通信服务等。

（3）过程设备：机器或汉语计算机软件的种类控制和测试设备，以及各种工具、辅具等。

案例 3-10 某印刷厂成品仓库的屋顶已经有 3 处渗水的痕迹，仓库保管员说，厂里已经有计划，保证在夏天台风季节来临前修理好。

分析 本案例中，仓库的渗水会影响印刷厂获得合格产品。不符合标准中 7.1.3 的“组织应确定、提供并维护所需的基础设施，以运行过程并获得合格的产品和服务”。

7.1.4 过程运行环境

组织应确定、提供并维护过程运行所需要的环境，以获得合格产品和服务。

注：适当的过程运行环境可能是人文因素与物理因素的结合，例如：

a）社会因素（如无歧视、和谐稳定、无对抗）；

b）心理因素（如舒缓心理压力、预防过度疲劳、保护个人情感）；

c）物理因素（如温度、热量、湿度、照明、空气流通、卫生、噪声等）。

由于所提供的产品和服务不同，这些因素可能存在显著差异。

条款理解：

在过程运行环境方面，除物理意义上的温湿度、照明、通风等直观环境条件外，还应关注人文环境，如企业文化、职业健康、就业心理等主观环境感受。所有这些，组织都应确定、提供并维护。以下方面对环境有要求时，必须满足：

——执行的产品规范；

——相关法律法规；

——顾客；

——组织自身。

案例 3-11 某皮鞋厂为了赶工，要求员工连续一个月放弃休息，每个周末都要正常上班，每天的工作时间也从 8 小时延长到 10 小时。工厂解释说，工人来就是为了赚钱，大家都增加工作时间可以增加不少收入，这样的做法有不少工人是赞成的。

分析 从短期来看，这样的做法可以增加工人的收入，但长达一个月的时间完全没有休息的话，员工心理会产生变化，长期得不到休息会导致脾气暴躁、易怒。这种情况下员工身体会产生较大不适，不符合 ISO 9001:2015 7.1.4 规定的要求。

7.1.5 监视和测量资源

7.1.5.1 总则

当利用监视或测量活动来验证产品和服务是否符合要求时，组织应确定并提供确保结果有效和可靠所需的资源。

扫一扫看微课视频：条款 7.1.5 案例解析

组织应确保所提供的资源：

a）适合特定类型的监视和测量活动；

b）得到适当的维护，以确保持续适合其用途。

组织应适当保留形成文件的信息，作为监视和测量资源适合其用途的证据。

7.1.5.2 测量溯源

扫一扫看微课视频：条款7.1.5.2案例解析

当要求测量溯源时，或组织认为测量溯源是信任测量结果有效的前提时，测量设备应：

a）对照能溯源到国际或国家标准的测量标准，按照规定的时间间隔或在使用前进行校准和（或）检定（验证），当不存在上述标准时，应保留作为校准或检定（验证）依据的形成文件的信息；

b）予以标识，以确定其状态；

c）予以保护，防止出现可能使校准状态和随后的测量结果失效的调整、损坏或劣化。

当发现测量设备不符合预期用途时，组织应确定以往测量结果的有效性是否受到不利影响，必要时采取适当的措施。

条款理解：

本条款所提及的资源是7.1（a）中所述的一部分，是为了对过程进行控制从而确保组织能够提供合格的产品和服务。

组织应根据产品实现的过程，确定在哪些阶段、哪些工序需要进行监视和测量，同时确定所需要的测量设备，以便为产品符合确定的要求提供证据，及时发现不合格项。

设备包括监视设备和测量设备。监视设备是用于对过程和产品及服务进行观察、监督的设备。如摄像、录像等。对于监视设备应定期进行验证、维护，确保其持续的适用性。

测量设备是用于探知或确定某物的空间大小或数量，通过使用一些已知尺寸或容器的物体，或者与相应的固定的记录单元进行比较探知或确定某物的空间大小或数量的设备。

在监视测量设备管理方面不仅是强调物理意义上的有形设备检定校准，还包括无形设备，如检测软件、电话询问、问卷调查等方式的有效监控。

条款 7.1.5.2 明确提出需要对测量设备进行溯源，是为了使测量结果或测量标准的值能够与规定的参考标准（通常是国家计量基准或国际）联系起来，从而使测量的数据能够准确反映实际情况，避免因测量问题造成不合格的假象。

案例 3-12 某企业对表面粗糙度的检验规定：对于表面粗糙度大于 0.8 微米的，由检验员在现场采用色标仪比对法检验，对于表面粗糙度小于或等于 0.8 微米的，需要在检验科计量仪器室请专职检验员采用光学显微干涉仪或电动轮廓仪进行检验。

分析 表面粗糙度大于 0.8 微米的，数值比较大，用色标仪比对是一般企业都采用的方法，色标仪工人手上都有，可以一边加工一边比较。检验员也采用色标仪比对法检验。对于表面粗糙度小于或等于 0.8 微米的，精度比较高，需要精度很高的显微仪器进行检验，必须在恒温恒湿的计量室里进行，并且由专职检验员操作。当然这样高精度要求的零件不会太多。综上，企业的监视和测量设备管理是有效可行的，符合标准中 7.1.5 的要求。

7.1.6 组织的知识

组织应确定运行过程所需的知识，以获得合格产品和服务。

这些知识应予以保持，并在需要范围内可得到。

为应对不断变化的需求和发展趋势，组织应考虑现有的知识，确定如何获取更多必要的知识和知识更新。

注 1：组织的知识是从其经验中获得的特定知识，是实现组织目标所使用的共享信息。

注 2：组织的知识可以基于：

a）内部来源（如知识产权；从经历获得的知识；从失败和成功项目得到的经验教训；得到和分享未形成文件的知识和经验，过程、产品和服务的改进结果）；

b）外部来源（如标准、学术交流、专业会议，从顾客或外部供方收集的知识）。

条款理解：

组织应确保这些方面所需要的知识得到落实：

（1）维护质量管理体系的运行；

（2）保证各个过程的实现及过程的识别，并厘清过程之间的关系；

（3）达到顾客满意所需要的相关知识；

（4）确保合格产品和服务所需要的全部相关知识得到落实。

这些知识除日常维护之外，在必要的时候需要得到相应的更新。还有些知识需要得到保护。所有知识必须方便获取，以免造成麻烦。

案例 3-13 A 公司的产品生产过程中某道工序申请了专利保护，使用的时候都由专利申请人王某亲自操作。王某由于个人发展原因离开了 A 公司，此事给 A 公司造成了较大的麻烦。因为王某的离开，这道工序的合格品率总是上不去。

分析 A 公司没有得到“获得合格产品需要的知识产权”，标准 7.1.6 中表述“组织应确定运行过程所需的知识，以获得合格产品和服务”，公司没有将王某“申请的专利”知识变成公司自己得到的相关知识，从而处于被动地位，生产不合格产品，造成很大的浪费。

图 3-6 知识案例图片

知识点 2：能力

7.2　能力

组织应：

a）确定其控制范围内的人员所需具备的能力，这些人员从事的工作影响质量管理体系绩效和有效性；

扫一扫看微课视频：条款 7.2 案例解析

b）基于适当的教育、培训或经历，确保这些人员具备所需能力；

c）适用时，采取措施获得所需的能力，并评价措施的有效性；

d）适当保留形成文件的信息，作为人员能力的证据。

注：采取的适当措施可包括对在职人员进行培训、辅导或重新分配工作，或者招聘具备能力的人员等。

条款理解：

在组织的质量管理体系的过程中承担任何工作的员工都可能直接或间接影响质量绩效，这就要求每一个岗位的员工都要能够胜任其岗位工作。每个岗位都有其资质和能力的要求，组织应根据员工受教育的程度、培训情况、职业技能水平和工作经验等和岗位复杂程度合理地安排员工工作，以保证其能够胜任工作，达到绩效要求。

在人力资源方面更侧重于组织内人员的能力，而不仅仅是培训效果或培训记录的提供。

案例 3-14 与分析　可以参照案例 3-7。YG 公司引进新设备，可是在紧要关头员工的技术跟不上，因能力无法胜任导致需要花大价钱请意大利的专家解决问题，既浪费金钱又浪费了宝贵的时间。这就是很典型的组织没有确定“从事影响质量绩效工作的人员所必要的能力”，不符合 7.2（a）。

知识点 3：意识

7.3　意识

组织应确保其控制范围内的相关工作人员知晓：

a）质量方针；

b）相关的质量目标；

c）他们对质量管理体系有效性的贡献，包括改进质量绩效的益处；

d）不符合质量管理体系要求的后果。

条款理解：

组织应通过宣传教育、内部沟通等手段提高员工的质量意识，强调工作人员都必须知道组织的质量方针和与其相关的质量目标，以及如何为实现质量目标做贡献。

确保每个员工都认识到所从事活动的相关性和重要性，从而了解不符合质量管理体系要求的后果，以及改进质量绩效的益处。

案例 3-15　在审核质量目标时，审核员只见到各部门为确保总目标要采取的措施，而没有部门自己的分目标，王总经理说：“制订分目标是形式主义，措施才是实质性问题，如果这几条措施都做到了，总目标就能实现。”

分析　本案例中，员工缺乏“相关的质量目标”意识，盲目地认为分目标是形式主义，这不利于组织的改进，由于没有分目标，实际上组织的运行很容易偏离既定目标和要求。不符合 ISO 9001:2015 7.3 规定的要求。

知识点 4：沟通

7.4　沟通

组织应确定与质量管理体系相关的内部和外部沟通，包括：

a）沟通什么；

b）何时沟通；

c）与谁沟通；

d）如何沟通；

e）由谁负责。

条款理解：

沟通是人与人之间传达思想感情和交流情报信息的过程。沟通对组织而言，至关重要。

沟通是为确保组织内的各部门、每个人获得工作所需的各种信息，并增进相互间的了解和合作。本条款强调质量管理体系相关信息的内部和外部的沟通。要注意沟通的内容，即沟通的双方在内容上能达到相互一致或基本相近的理解。只有沟通的对象对信息达成了正确的理解才能说这次沟通是有效的。沟通时机的把握也很重要，滞后的沟通也达不到应有的效果。总的来说可以概括为：what（沟通什么），when（何时沟通），who（与谁沟通），how（如何沟通），whose（由谁负责，谁的责任）。

案例 3–16　审核组在对供应部和运输处进行审核的时候，审核员王斌和李峰来到供应部，接待他们的是内勤张芬。张芬说：“黄经理今天出去采购产品配件了，不知道什么时候才能回来，他只是交代了这些，如果还有什么需要的我们尽量配合。”李组长问：“我厂采购产品的目录清单有没有？”张芬想了想说：“应该有，我找找看看。”可是找了半天也没有找到。于是张芬打开资料柜，把一大摞资料放在桌上说：“所有的资料都在，你们自己找吧。”审核员感到无奈。

分析　这个案例除在记录的管理方面有问题之外，组织的内部和外部沟通都需要改进，王经理与张芬在沟通的内容方面没有达到一致的理解。王经理对如何具体接待审核人员没有完全交代。张芬在不知道该怎么办的情况下可以电话给王经理请示，但张芬让审核员们自己找资料，这是外部沟通没有做好，这样的情况下审核员不可能在规定时间内完成记录的审核。

知识点 5：形成文件的信息

7.5　形成文件的信息

7.5.1　总则

组织的质量管理体系应包括：

a）本标准要求的形成文件的信息；

b）组织确定的为确保质量管理体系有效性所需的形成文件的信息。

注：对于不同组织，质量管理体系形成文件信息的多少与详略程度可以不同，取决于：

——组织的规模，以及活动、过程、产品和服务的类型；

——过程的复杂程度及其相互作用；

——人员的能力。

条款理解：

在文件和记录控制方面，标准不再强调应建立质量手册、程序、指导书等金字塔型管理文件的要求，也不再强调每个过程一定要提供实施记录，而是更多地强调过程内各作业单元所需的信息传递和效果体现，强调过程绩效和风险管控。

组织文件的多少取决于组织规模的大小、生产经营过程的类型和复杂程度，还有人员的能力。对生产经营过程简单的组织，文件可以少些；对经营活动复杂、组织管理规模比较大的，文件就会比较多。哪些文件保留，哪些文件不要，要结合组织实际情况，原则是在符合要求的情况下，可以尽量少。

2015 版 ISO 9001 标准更少的规定要求（没有管理者代表、质量手册、记录控制的要求）看似为企业增加了自由度和自主权，实际是增加了难度；为组织建立更加结合实际、更具有可操作性的组织提供了依据。

案例 3–17 将某大型化工企业和某小型设计公司的文件复杂情况和多少进行比较，文件数量会不会差不多？

分析 大型化工企业的产品种类多，企业职工人数多，管理规模大，既有工艺流程操作、化工装置维修、新产品的研发，又有产品的国内销售和国际进出口贸易，还有产品的运输，有些还需要有危险化学品运输车辆、有专门的码头和专用铁路线等，这样所需要的质量管理体系文件就会很多，复杂程度也高。

小型设计公司，产品比较单一，员工人数少，人员素质相对较高，有较好的纪律性和自我约束，办事能力较好，在这种情况下，设计公司的质量管理体系文件就会相对少很多，相对来说也比较简单。

7.5.2 创建和更新

扫一扫看微课视频：条款 7.5.2 案例解析

在创建和更新形成文件的信息时，组织应确保适当的：

a）标识和说明（如标题、日期、作者、索引编号等）；

b）格式（如语言、软件版本、图示）和媒介（如纸质、电子格式）；

c）评审和批准，以确保适宜性和充分性。

条款理解：

编制文件时需要给文件标明编号，如 20160101abc 这样可以说明文件的版本时间，使用范围、性质和地点。类型相同的文件格式尽量一致。文件的发布和更新都需要经过评审和相关责任人批准，以确保适宜性和充分性。

文件可以采用任何形式或类型的媒介。文件可以是纸质的，也可以是电子文档或光盘等。

案例 3-18 以作者学校为例，文件编号总是以时间开头，如学校进行 ISO 9000 质量管理体系认证之前的研究性学习的版本没有编号，通过认证时有编号的第一版本是 2011 年使用的研究性学习的结题申请编号 Q/NJXX-QR-GY-09-2009，2013 年同样研究性学习的结题申请编号 Q/NJXX-QR-GY-09-2012，2016 年的研究性学习的结题申请编号 Q/NJXX-QR-GY-09-2016。

分析 千万不要以为每年的编号只要把年份后面修改就可以了，如果自作聪明修改成 Q/NJXX-QR-GY-09-2013，那就一定不对了。条款 7.5.2（c）说得很清楚，每个版本文件的细节也有修改之处，而且每一次版本的修改都需要“评审和批准以确保适宜性和充分性”。所以仔细的话能够发现每个版本其实都是根据实际的发展情况有删除或增加的项目。

7.5.3 形成文件的信息的控制

7.5.3.1 应控制质量管理体系和本标准所要求的形成文件的信息，以确保：

a）无论何时何处需要这些信息，均可获得并适用；

b）对信息予以妥善保护（如防止失密、不当使用或不完整）。

7.5.3.2 为控制形成文件的信息，适用时，组织应关注下列活动：

a）分发、访问、检索和使用；

b）存储和防护，包括保持可读性；

c）变更控制（如版本控制）；

d）保留和处置。

对于组织确定的、策划和运行质量管理体系所必须的、来自外部的形成文件的信息，组织应进行适当识别，并予以控制。

对所保留的作为符合性证据的形成文件的信息予以保护，防止非预期的更改。

注：形成文件的信息的“访问”可能意味着仅允许查阅，或者意味着允许查阅并授权修改。

条款理解：

组织应确保文件的使用部门能获得需要的文件，并且应是有效版本。组织应对质量管理体系文件规定审批的职责和权限。

文件控制部门应控制好文件的分发、访问权限和使用范围。文件发布前要得到批准才有效。强调文件的保密工作是随着社会的发展需要特别提出的内容。科学技术的发展让文件的复制变得非常容易，有些资料信息的泄露会给组织或个人带来很多麻烦，所以标准中应特别强调文件的保护工作。例如，现在科技发达，信息透明度高。尤其是随着网络技术的普及，个人信息泄露事件层出不穷。个人信息的泄露，不仅侵犯了受害者的隐私，还可能带来经济上的损失。

应使文件保持清晰、易于识别，字迹、图像易于辨认。当文件污损不易辨认时，应及时收回并换发新的文件。文件应以编号、版本号、修改密码等方式进行标识，并制定文件发放和回收记录表，有分发登记、收回登记、领用人签字等。

组织应对被更改的文件的现行修订状态进行标识（标明第几次修订），可包括在文件上进行标识和在文件登记表上进行标识，每一版文件都必须标明版本号。

组织应采取措施，制定严格的收发和保管文件的程序，防止作废文件的非预期使用。常用的方法是发给使用部门的文件封面上加盖“受控”或“有效版本”的字样。并规定：当文件更新后，受控本要收回，并作为作废文件注销处理。若因任何原因需要保留作废文件，应对这些文件进行适当标识。如在作废文件上加盖“作废”字样。

例如，A 版表明为第一版；B 版表明为第二版，以此类推。

也可以用 A/0 版，表示第一次发布；A/1 版表示第一次修改，A/2 表示第二次修改。文件的更改必须有更改记录，并有更改单号码、更改日期、更改条款等详细记录，并有审核人和批准人的签字。

案例 3-19 审核员在西江宾馆客房部发现了正在现场使用的第一版和第二版两种不同版本的《客房服务控制程序文件》。

分析 在应该获得正确版本的场合有两个不同版本，所以不符合 ISO 9001 7.5.3 规定的要求。

学习任务 3–7　运行

扫一扫看微课视频：条款 8 运行（上）

扫一扫看微课视频：条款 8 运行（下）

学习情境描述

1950 年，26 岁的小田是一个企业的一名助理工程师。当时，他父亲开办的一个烧砖企业出了问题，泥块用火来烧，由于火力不均匀，一部分烧好了，其余部分还生；生的部分烧熟了，之前烧好的部分就烧焦了。本来要烧 1000 块砖，只能烧好 300 块。他父亲就请教专家，专家说：你出钱，我帮你换一个新的砖窑就可以了。小田的父亲没有那么多钱，认为砖块烧得好坏是一个不可控因素。但小田认为有些因素是可以控制的。他主张砖块做好后，不必一律晒上 10 天再摆进砖窑，火比较大的区域晒上 5 天就可以了，这样一试，结果烧 1000 块砖，有 800 块是好的了！

？问题引导 1：你觉得企业的运行有哪些需要关注的环节？____。

？问题引导 2：作为组织一员，你将如何对企业的运行进行管理？____。

？问题引导 3：作为审核员，你将如何对企业运行进行审核？____。

学习目标

（1）了解企业运行包含的环节。

（2）掌握企业运行各环节在质量管理方面的要求。

（3）掌握审核员对审核资源管理的要点及审核内容。

学习情境的相关知识点

知识点 1：运行策划和控制

8.1　运行策划和控制

组织应通过采取下列措施，策划、实施和控制满足产品和服务要求所需的过程（见 4.4），并实施第 6 章所确定的措施：

a）确定产品和服务的要求；

b）建立下列内容的准则：

1）过程；

2）产品和服务的接收。

c）确定符合产品和服务要求所需的资源；

d）按照准则实施过程控制；

e）在需要的范围和程度上，确定并保持、保留形成文件的信息：

1）证实过程已经按策划进行；

2）证明产品和服务符合要求。

策划的输出应适合组织的运行需要。

组织应控制策划的更改，评审非预期变更的后果，必要时，采取措施消除不利影响。

组织应确保外包过程受控（见 8.4）。

条款理解：

条款 8.1 特别提出建立过程标准，这个过程可以指一套生产过程，也可以是一套服务过程，或者是过程网络。建立过程标准需要强调以下方面的重要性：

（1）理解并满足要求；

（2）从增值的角度考虑过程；

（3）获得过程业绩和有效性的结果；

（4）基于客观的测量，改进过程。

策划的内容往往从人、机、料、法、环等方面入手，以能够对控制对象实施有效控制为最终目的。这些策划的内容主要是指针对需要进行改进、完善或按需实施持续性管理的有关过程所提出的要求，其特点是覆盖面广，涉及的管理环节多，可以体现对体系整体实施控制的思路。其内容往往包含了管理方案和运行控制的内容，甚至还会包含日常监控、文件编制和人员培训等。

策划控制的主要目的是规定对各级风险控制的宏观思路，即为确保管理体系整体一致而必须进行的一个管理过程。明确提出的控制策划，就是 2015 版标准更明确更先进的一个表现。无论是质量管理体系、环境管理体系还是职业安全健康管理体系，都会对它们所控制的对象进行策划，目的是如何使其得到有效控制。

知识点 2：顾客沟通

8.2　产品和服务的要求

8.2.1　顾客沟通

与顾客沟通的内容应包括：

a）提供有关产品和服务的信息；

b）处理问询、合同或订单，包括变更；

c）获取有关产品和服务的顾客反馈，包括顾客抱怨；

d）处置或控制顾客财产；

e）关系重大时，制定有关应急措施的特定要求。

条款理解：

组织需要与当前顾客和潜在顾客的沟通，来获取他们对产品和服务的要求。当前顾客的沟通涉及有关产品和服务提供的前、中和后期。前期的沟通有咨询、合同签订和订单等及其变更。中期包括适时就有关产品和服务的信息进行沟通，包括涉及顾客财产的部分。后期沟通包括顾客关于产品和服务的反馈，组织需要给顾客提供反馈通道，让顾客可以将自己的意见表达给组织。这个反馈意见也许是好的方面，此时顾客可以被称为忠诚顾客；也可能是不好的反馈，称为顾客抱怨。当然，不抱怨的顾客未必就是满意的顾客，有些顾客即使是很不满意，也不愿意向组织反馈。

组织与顾客可以就产品和服务的信息及顾客财产进行常规沟通，当然在有顾客反馈或抱怨等特殊情况出现时也需要进行沟通。

顾客没有抱怨并不一定能说明顾客很满意。经常有受审核方以“顾客没有投诉（抱怨）”为据，说明顾客对受审核方表示满意，把顾客没有投诉（抱怨）作为顾客满意的表现或证据之一是不确切的。“抱怨”一词有通过发牢骚的形式来表达自己对某件事物或某个人不满意的意思，而“投诉”可能就不是简单的不满意，而是要表达自己的“愤怒”了。

案例 3–20 审核员发现质量管理部负责对市场营销部等部门反馈的顾客质量信息的接收、确认和分析，但在实施的时候却没有发现顾客反馈记录表等。审核员进一步询问，发现如果顾客有什么意见可以通过电话的方式向他们反馈，但这个电话的接听人员比较忙，多数时间很难打通电话。

图 3–7 顾客沟通案例图片

分析 组织把顾客反馈看成可有可无，不符合条款 8.2.1（c）规定组织需“获取有关产品和服务的顾客反馈，包括顾客抱怨”这一要求。组织应该想办法给予顾客更多、更容易的渠道反馈有关产品和服务的信息，出现特殊情况时，还应该有应急措施。

8.2.2 产品和服务要求的确定

在确定向顾客提供的产品和服务的要求时，组织应确保：

a）产品和服务的要求得到规定，包括：

1）适用的法律法规要求；

2）组织认为的必要要求。

b）对其所提供的产品和服务，能够满足组织声称的要求。

条款理解：

（1）顾客明确规定的要求，既有产品本身的质量要求，也包括交付及交付后得到的要求，如交货期、包装、运输、售后服务等。

（2）顾客没有明确规定，但预期或规定用途所必要的要求，通常都是习惯上的潜在要求。

（3）与产品有关的法律、法规的要求，如国家强制性标准等。

（4）一般来说，与产品有关的特殊及附加要求需要在合同中说明。这些要求可以由组织提出，也可以由相关方提出。

如案例 3-21 中，组织与供方签订合同的时候就可以把附加的人员培训要求写在合同里。这样就可以避免后期出现问题时的措手不及和麻烦。

案例 3-21 某工厂代工生产某奢侈品牌（甲方）的箱包，品牌持有商在与工厂签订合同的时候明确指出：①不得将甲方提供的款式用于其他商标。②如果工厂方擅自生产或销售甲方产品及包装、印刷品等，一经查证，无论数量多少，工厂方都应付甲方 50 万元人民币违约金，并追究工厂方的法律责任。

分析 “产品和服务的要求得到规定”，代工厂与某品牌签订的合同可以理解为代工厂对其商标的使用规范，代工厂需严格按照合同规定运作。即履行“组织认为的必要要求”。如果没有按照合同或条款要求运作，不仅要付出罚款的代价，还要追究法律责任。所以组织应确保适用法律法规的要求。

8.2.3 产品和服务要求的评审

8.2.3.1 组织应确保有能力满足向顾客提供的产品和服务。在承诺向顾客提供产品和服务之前，组织应对如下各项要求进行评审：

a）顾客规定的要求，包括对交付及交付后活动的要求；

b）顾客虽然没有明示，但规定的用途或已知的预期用途所必须的要求；

c）组织规定的要求；

d）适用于产品和服务的法律法规要求；

e）与先前表述存在差异的合同或订单要求。

若与先前合同或订单的要求存在差异，组织应确保有关事项已得到解决。

若顾客没有提供形成文件的要求，组织在接受顾客要求前应对顾客要求进行确认。

注：在某些情况下，如网上销售，对每一个订单进行正式的评审可能是不实际的，作为替代方法，可对有关的产品信息，如产品目录、产品广告内容进行评审。

8.2.3.2 适用时，组织应保留下列形成文件的信息：

a）评审结果；

b）针对产品和服务的新要求。

条款理解：

该条款对有形产品而言是指其加工至交付后各项活动的全过程；对服务而言指实质服务提供的全过程。

组织应评审与产品和服务有关的要求，包括：

（1）顾客明确规定的要求。既有产品本身的质量、环保、安全要求，也包括交付、交付后活动的要求，如交货期、包装、运输、售后服务等；

（2）顾客没有明确规定，但预期或规定用途所必须的要求；

（3）与本产品有关的法律法规的要求等。

本条款强调事前的预防控制，条款的（e）特别指出与以前表述不一致的合同或订单的要求必须已予解决，因为有更改就有风险的存在，为了使可能产生的风险负面影响降到最低，标准要求合同的更改在事先得到妥善解决才能进行下一步工作。

案例 3-22　某机械加工厂，工人正在车床边加工零件，旁边挂着加工零件图，图纸上只有设计人员的签名，没有审核人员的签字。另外，图纸上有两处数据修改，字迹有些潦草，而且没有修改者的签名。经了解，这两处数据修改是顾客提出的，由于任务急、时间太紧，就想等着其他的配套图纸全部设计完成之后再一起送去签字，这样可以省些时间也省点事儿。

分析　由于现在市场节奏比较快，很多任务都是时间紧、要货急，出现这种情况还是比较多的，出现差错、不合格的情况也比较多。设计的图纸由顾客要求而改变数据还是需要经过评审的。组织要确保满足 8.2.3（e）“与先前表述存在差异的合同或订单要求”。这个条款可不是说按照顾客要求改个数据就可以的，因为有更改就有风险的存在，为了使可能产生的风险负面影响降到最低，本条款要求合同的更改在事先得到妥善解决才能进行下一步工作。

8.2.4　产品和服务要求的更改

若产品和服务要求发生更改，组织应确保相关的形成文件的信息得到修改，并确保相关人员知道已更改的要求。

条款理解：

在理解本条款时注意区别 7.5.3.2 关于形成文件的信息的控制，注重版本的修改。而本条款明确规定了相应文件信息的人员有必要知道发生的更改，需要及时得到更改的通知，以及更改的内容。

案例 3-23　某机械加工厂，工人正在车床边加工零件，旁边挂着加工零件图，图纸上签名齐全，清晰无改动。可是审核员看到车间主任出示的这道工序加工零件图的图纸上有两处数据修改。经询问发现，原来这两处数据修改是顾客提出的，由于刚刚才修改就遇到周末，就没有来得及给加工工人。

分析　若产品和服务要求发生更改，组织做到了相关的形成文件的信息得到修改，但没有及时将更改告知相关人员，不符合 ISO 9001 8.2.4 规定的要求。

知识点 3：产品和服务的设计和开发

8.3　产品和服务的设计和开发

8.3.1　总则

组织应建立、实施和保持设计和开发过程，以便确保后续的产品和服务的提供。

8.3.2　设计和开发策划

在确定设计和开发的各个阶段及其控制时，组织应考虑：

a）设计和开发活动的性质、持续时间和复杂程度；

b）所要求的过程阶段，包括适用的设计和开发评审；

c）所要求的设计和开发的验证和确认活动；

d）设计和开发过程涉及的职责和权限；

e）产品和服务的设计和开发所需的内部和外部资源；

f）设计和开发过程参与人员之间接口的控制需求；

g）顾客和使用者参与设计和开发过程的需求；
h）后续产品和服务提供的要求；
i）顾客和其他相关方期望的设计和开发过程的控制水平；
j）证实已经满足设计和开发要求所需的形成文件的信息。

条款理解：

本条款为保证达到产品和服务实现过程的预期目标，从策划时就需要明确产品和服务的一些细节。这些细节包括从产品和服务实施过程的输入到实施过程中的资源控制，最后是实施过程的输出控制。

在进行产品和服务的设计和开发策划时，组织应：

（1）根据所设计产品和服务的特点和复杂性，确定设计和开发的阶段。不同的产品往往需要不同的设计和开发阶段；如硬件产品设计过程一般为方案设计、初步设计、详细设计、设计定型、生产定型等；而软件产品的设计和开发过程则为概要设计、详细设计、编程、测试、验收测试等；培训服务和开发过程为编制教学大纲、编制教材、教材评审、试讲等。

（2）应针对各个阶段，确定所需的评审、验证和确认活动及应遵循的原则和方法。规定各有关部门参与设计和开发活动的人员在设计和开发活动各阶段中的职责和权限。

（3）确定参与设计与开发活动的不同组织（外部组织、部门、小组、顾客）、人员之间的接口关系，并加以管理（如会审、协调、督促、检查等），确保既各尽其责，又能保持设计工作的有效衔接，及时、准确地交流信息。

（4）设计策划的输出可能是形成文件的信息证实已经满足设计和开发要求，也可以是其他形式。随着设计和开发的进行，组织应在考虑顾客和使用者参与设计和开发过程的需求的前提下，适当时考虑后续产品和服务的要求。

（5）标准特别强调接口管理，本条款涉及的人员有开发人员、顾客、使用者和负责人。他们之间的接口管理包括开发过程的人员职责安排和接口管理及顾客需求的接口管理。

案例 3-24 审核员小李正在审核设计处，小李听设计处张处长说："设计工作，一般由产品设计负责人在设计计划中指定责任工程师，并规定相关设计人员职责。"小李抽查了某样产品的设计计划。查阅到项目负责人和相关设计人员清单，但在计划中没有找到相关人员的分工职责规定。

分析 计划中没有各相关人员的分工职责规定，各个人员分工不明确，责任不清晰，不符合 ISO 9001 8.3.2（d）规定的要求

案例 3-25 审核员在第一研发室看到一名研发人员正在制图。审核员看到一张已经完成的设计图样，标题栏中的设计、校对、审核均为王二为一人，研发处处长说："王二为工程师是技术骨干，他的研发能力一直很强，他的设计不会出问题的。"

分析 本案例的设计、校对、审核均为同一人没有确定"（d）设计和开发过程涉及的职责和权限"。不符合 ISO 9001 8.3.2（d）规定的要求。

8.3.3 设计和开发输入

组织应针对具体类型的产品和服务，确定设计和开发的基本要求。组织应考虑：

a）功能和性能要求；

b）来源于以前类似设计和开发活动的信息；

c）法律法规要求；

d）组织承诺实施的标准和行业规范；

e）由产品和服务性质所决定的、失效的潜在后果。

设计和开发输入应完整、清楚，满足设计和开发的目的。

应解决相互冲突的设计和开发输入。

组织应保留有关设计和开发输入的形成文件的信息。

条款理解：

产品和服务的设计开发输入是设计和开发的依据。组织应确定与产品和服务要求有关的输入，并形成文件的信息。

设计和开发的输入应包括：

（1）产品和服务的功能和性能要求。功能和性能要求来自顾客对产品和服务的需求。适用时，提供一起与该产品和服务类似的信息。既考虑以往设计的优点，也要考虑其不足之处，有时也可以起到对合同中顾客未明示的要求进行必要补充的作用。

（2）适用的法律法规要求和行业规范。如健康、安全和环境方面的要求。如生产汽车的企业，必须考虑到汽车所使用国家或地区环境法规和环境质量标准中关于汽车尾气排放的要求。

（3）产品和服务的设计开发之初就应考虑到产品和服务失效后的潜在后果，并在设计中进行有针对性的控制，如干电池的设计变化。以前的干电池失效后，如果随意丢弃会对环境造成较大污染，所以按照规定必须放置在指定容器。修改设计后，现在的干电池废弃后已经不会对环境造成大的污染了。

案例 3-26 某机械厂的设计室，审核员看到在设计一种压力容器时，对其受压元件强度的计算和材料许用应力的选取均采用了一本书上的方法，由于该书采用的一些系数裕度较小，造成压力容器外壳设计厚度偏小。进一步查看开发输入，发现没有把国家标准《钢制压力容器》（GB 150—1998）作为设计输入的依据。

分析 我国的压力容器设计规范有《钢制压力容器》（GB 150—1998），同时作为政府部门对压力容器安全监督的法规还有《压力容器安全技术监察规程》等，这些都是必须遵守的国家标准或行业标准。根据条款 8.3.3（c）“组织应考虑法律法规要求”，且在进入下一步工作前，开发过程中出现的问题必须得到解决或管理。本案例的开发输入就不符合 ISO 9001 8.3.3（c）规定的要求。

8.3.4 设计和开发控制

扫一扫看微课视频：条款 8.3.4 案例解析

组织应对设计和开发过程进行控制，以确保：

a）规定拟获得的结果；

b）实施评审活动，以评价设计和开发的结果是否具有满足要求的能力；

c）实施验证活动，以确保设计和开发输出满足输入的要求；

d）实施确认活动，以确保形成的设计和开发能够满足规定的使用要求或预期用途要求；

e）针对评审、验证和确认过程中确定的问题采取必要的措施；

f）保留这些活动的形成文件的信息。

注：产品和服务评审、验证和确认具有不同的目的。根据组织的产品和服务的具体情况，可以单独或以任意组合进行。

条款理解：

评审是指："为确定主题事项达到规定目标的适宜性、充分性和有效性所进行的活动。"为评价设计和开发的结果满足要求的能力，识别可能存在的问题，以达到设计和开发目标，组织应按照策划的安排，在适应的阶段对设计和开发过程进行控制。

评审的内容可以包括输入是否能够完成设计和开发任务；已策划的设计和开发过程的进展情况；问题的识别和纠正；设计和开发过程的改进机会等。

评审的方式可以采用会议评审、专家评审、逐级评审、同行评审等。在有关设计和开发评审活动的文件中应规定评审之前做什么，评审之后必须产生什么。

验证是指"通过提供客观证据对规定要求已得到满足的认定"。验证的目的是证实设计和开发的输出满足设计和开发输入的要求。验证也按照策划的安排进行，一般在形成输出时进行。验证的方法可以是变换方法计算、试验、同类比较、型式试验等。

确认是指"通过提供客观证据对特定的预期用途或应用要求已得到满足的认定"。确认的目的是证实设计和开发的产品和服务满足规定的使用要求或预期用途要求。设计和开发的确认只要可行，应该在产品和服务交付或实施前完成。确认的方法可以是专家鉴定、试用、使用前的输出确认等。

设计和开发的评审、验证和确认是保证设计和开发质量的重要手段，三者在目的、对象、参与人员和实施时机上均有不同。表3-3说明了三者之间的关系。

表3-3　设计和开发评审、验证和确认三者之间的关系

	设计和开发评审	设计和开发验证	设计和开发确认
目的	评价结果满足要求的能力，识别问题	证实输出满足输入的要求	证实产品满足规定的使用要求或已知的预期用途要求
对象	阶段的设计结果	设计和开发输出文件、图纸、样本等	通常是向顾客提供产品和服务（也可以是样品）
时机	在设计和开发适当阶段	当形成设计和开发输出时	只要可行，在产品和服务交付或生产（实施）之前
方式	会议/传阅方式	试验、计算、同类比较、型式试验	试用、模拟

8.3.5　设计和开发输出

组织应确保设计和开发输出：

a）满足输入的要求；

b）对于产品和服务提供的后续过程是充分的；

c）包括或引用监视和测量的要求，适当时，包括接收准则；

d）规定对于实现预期目的、保证安全和正确提供（使用）所必须的产品和服务特性。

组织应保留有关设计和开发输出的形成文件的信息。

条款理解：

设计和开发的输出提供了产品和过程的技术特性或规范，输出必须满足输入的要求。

设计和开发的输出方式可以因产品和服务特点的不同而异，如文件、样机（样图）、规范、配方和服务提供等多种方式；但输出方式应能与输入进行对照验证，且能满足输入的要求。

设计和开发的输出对于产品和服务提供的后续过程是充分的，比如提供后续过程中的指导性文件、图纸或规范，适当的信息，以保证能够生产或提供出合格产品和服务。因此输出在发放前应按规定由相关责任人批准，以确保满足输入的要求。

设计和开发的输出应包括判断产品和服务是否合格的接收准则，确定哪些是产品和服务正常运行和安全性方面必不可少的特性，以便后续过程的控制。

8.3.6　设计和开发更改

组织应识别、评审和控制产品和服务设计和开发期间及后续所做的更改，以便避免不利影响，确保产品质量符合要求。

扫一扫看微课视频：条款 8.3.6 案例解析

组织应保留下列形成文件的信息：

a）设计和开发变更；

b）评审的结果；

c）变更的授权；

d）为防止不利影响而采取的措施。

条款理解：

更改的阶段可以是开发过程中，也可以是开发的结果——产品和服务的更改。导致更改的原因也有很多种，包括顾客要求、产品改进、供方变更、使用条件的改变，或者新的法律法规要求等。

为保证所做更改能满足要求，组织首先应识别更改，保持适当的更改控制，包括更改的记录、更改的实施和资源的配置（包括对更改进行必要的评审、验证和确认），并在实施前得到授权人员的批准。

案例 3–27　审核员在翻阅工艺文件时，发现有多处更改，但均无审批。就向员工询问，员工说这是去年的产品工艺卡，去年的要求还没有今年这么严格。这些确实不对，不过是观察项，不要紧。审核员没有接话。

分析　设计开发的更改需要形成文件的信息，并需要变更授权。本案例的更改太过随意。不符合 ISO 9001:2015 8.3.6（c）规定的要求。

知识点 4：外部提供过程、产品和服务的控制

8.4 外部提供过程、产品和服务的控制

8.4.1 总则

扫一扫看微课视频：条款 8.4.1 案例解析

组织应确保外部提供的过程、产品和服务符合要求。

在下列情况下，组织应确定对外部提供的过程、产品和服务实施的控制：

a）外部供方的过程、产品和服务构成组织自身产品和服务的一部分；

b）外部供方替组织直接将产品和服务提供给顾客；

c）组织决定由外部供方提供过程或部分过程。

组织应基于外部供方提供所要求的过程、产品或服务的能力，确定外部供方的评价、选择、绩效监视及再评价的准则，并加以实施。对于这些活动和由评价引发的必要的措施，组织应保留所需的形成文件的信息。

条款理解：

对生产企业来说外部供应的产品可以包括外购产品，外包件的采购，供应商的选择、评价，再选择和控制。外来服务包括进行测量设备的校准、维修和测试等。

要确保这些符合要求，就必须对供方评价选择、绩效监视及再评价等环节严格控制。要求采用基于风险的方法来确定控制的类型和程度，以适合于特定的外部供方和外部提供的产品和服务（采购+外包）。也可根据供方的能力和外供过程产品和服务的风险程度对外部供方进行分类分级控制。

组织在确定外部供方的评价、选择、绩效监视及再评价的准则时可参考以下几个方面：

（1）外部供方产品和服务质量、价格、交货情况，包括后续服务、支持能力及相关经验和历史业绩。

（2）外部供方质量管理体系的质量保证能力和遵守法律法规的情况；

（3）外部供方提供该类产品和服务方面的顾客满意度；

（4）外部供方履约能力及有关的财务状况。

案例 3-28 审核员小李发现产品配套的电控部门图样是红旗研究所提供的，就问红旗研究所是不是合格外部供方？张处长答：委托设计与外部供方直接供应产品不一样，所以没有列入合格外部供方的范围。小李又问在委托设计前，对这个研究所有了解吗？张处长说：红旗研究所有位高工是这方面的权威，所以大家都一致同意请他们帮忙。

分析 供方合格评判依据不准确，因某一个人确定供方，不符合 ISO 9001:2015 8.4.1 规定的要求。

8.4.2 控制类型和程度

扫一扫看微课视频：条款 8.4.2 案例解析

组织应确保外部提供的过程、产品和服务不会对组织稳定地向顾客交付合格产品和服务的能力产生不利影响。组织应：

a）确保外部提供的过程保持在其质量管理体系的控制之中；

b）规定对外部供方的控制及其输出结果的控制；

c）考虑：

1）外部提供的过程、产品和服务对组织稳定地提供满足顾客要求和适用的法律法规要求能力的潜在影响；

2）外部供方自身控制的有效性。

d）确定必要的验证或其他活动，以确保外部提供的过程、产品和服务满足要求。

条款理解：

组织通过对外部供方提供的产品和服务实施检验、验证或其他必要的活动，来确保外部提供的过程、产品和服务不会对组织稳定地向顾客交付合格产品和服务的能力产生不利影响。

对外部供方提供的产品和服务的验证可以采用多种方式进行，如在组织内部进行的来料检验、试验、测量、查验外来供方提供的合格文件等，也可以在外来供方货源处进行验证。组织应根据供方的质量保证能力和产品和服务的重要性、验证成本等具体情况规定对其实施验证活动的方式和内容。

要求采用基于风险的方法来确定控制的类型和程度，以适用于特定的外部供方和外部提供的产品和服务（采购+外包）。

组织可根据供方的能力和外供过程产品和服务的风险程度，对外部供方进行分类分级控制。

案例 3-29　长江造纸厂采购部编制的合格分供方清单中没有将日常收购的废报纸原料供应纳入其中。采购部长介绍说，这批废报纸实际上是向社会上的废品收购人员收购的，我们不知道应该如何去评价。

分析　组织应确保外部提供的过程、产品和服务不会对组织稳定地向顾客交付合格产品和服务的能力产生不利影响，需要通过检验、验证或其他必要的活动进行确定。造纸厂对这批废纸的不验证等，不符合 8.4.2（d）。

8.4.3　外部供方的信息

组织应确保在与外部供方沟通之前所确定的要求是充分的。

组织应与外部供方沟通以下内容：

a）所提供的过程、产品和服务；

b）对下列内容的批准：

1）产品和服务；

2）方法、过程和设备；

3）产品和服务的放行。

c）能力，包括所要求的人员资质；

d）外部供方与组织的接口；

e）组织对外部供方绩效的控制和监视；

f）组织或其顾客拟在外部供方现场实施的验证或确认活动。

条款理解：

本条款从管理的角度规定组织和与外部供方的沟通和接口问题。要求对外部供方的业绩进行不间断的监视，其监视结果还需要形成文件，以作为外部供方评价的支撑内容。

由于组织对外部供方的要求可能会发生变化，外部供方按组织的要求提供合格的过程、产品和服务的能力也可能发生变化，因此对已选择和评价合格的外部供方应不定期地重新进行评价。

这个沟通内容包括过程的实施、人员的能力和特殊情况下放行的处理。文件还需要涉及外部供方的管理方面，最后是接口管理，组织与供方的接口问题涉及：

需要组织形成规范性的活动，进行常规的控制和监视。

必要的时候组织可以到供方现场进行产品或服务的验证。

对于特殊产品，其要求的运输条件供方能否达到，或者其运输是由组织还是外部供方承担都需要形成文件。

案例 3-30　某公司与其供方一直合作很好，年关将至，天寒地冻，公司本身的运输能力受到极寒天气的影响，跟不上生产的需求。此时外部供方主动提出可以帮忙将产品运输至组织指定处。公司的采购部门很是感动，一口答应。

分析　本案例中改变了产品从外部供方到公司现场的搬运要求；明确了产品的搬运方式，而且已经在文件中说明清楚。所以，不能因为特殊情况就随便改变搬运方式。如果实在是需要供方提供运输，必须考察清楚，确保情况无误，并在指定文件中说明。不符合 ISO 9001:2015 8.4.3（b）规定的要求。

知识点 5：生产和服务提供

8.5　生产和服务提供

8.5.1　生产和服务提供的控制

组织应在受控条件下进行生产和服务提供。适用时，受控条件应包括：

a）可获得形成文件的信息，以规定以下内容：

1）所生产的产品、提供的服务或进行的活动的特征；

2）拟获得的结果。

扫一扫看微课视频：条款 8.5.1 案例解析

b）可获得和使用适宜的监视和测量资源；

c）在适当阶段实施监视和测量活动，以验证是否符合过程或输出的控制准则及产品和服务的接收准则；

d）为过程的运行提供适宜的基础设施和环境；

e）配备具备能力的人员，要求人员具备要求的资格；

f）若输出结果不能由后续的监视或测量进行验证，应对生产和服务提供过程实现策划结果的能力进行确认和定期再确认；

g）采取措施防止人为错误；

h）实施放行、交付和交付后活动。

条款理解：

生产和服务提供的控制是产品和服务实现的一个关键控制点，组织就是通过生产和服务，对资源、人员和过程进行全方位控制，并形成文件的信息，将与顾客要求和相关的法律法规等要求准确有效地转换到产品和服务中去。

产品生产和服务提供过程，就有形产品而言，是指其加工直至交付后各项活动的全过程；就服务而言是指服务提供的全过程。

产品生产和服务提供过程直接影响组织向顾客提供的产品或服务的符合性质量。所以本条款是从过程实现的三个大的方面来进行控制的。过程输入的控制（a）（b）（c），从文件和全局入手；过程的资源控制，（d）（e）（f）从基础设施和环境、人员和监控设备方面进行控制；最后是防止人为错误和过程的输出和交付。

案例 3–31　某汽车零部件生产厂涂装车间原先电泳涂漆质量一直很稳定，在近期更换了新的供货商和新的电泳漆品种后，仍然按照原先的工艺参数进行控制，但产品质量变得很不稳定，合格率大幅降低，经常遭到总装厂退货。涂装车间一直找不到原因。

分析　条款 8.5.1（f）：“若输出结果不能由后续的监视或测量进行验证，应对生产和服务提供过程实现策划结果的能力进行确认和定期再确认”，喷漆过程就属于“当过程的输出不能由后续的监测和测量加以验证”，在产品使用后才会显现。所以在更换了新的电泳漆品种后，应对过去所策划的工艺参数、检验准则等特定的方法和程序进行确认和定期再确认。

案例 3–32　某类食品的保温灭菌工艺规定是 140 摄氏度、持续一小时，审核员看到现场的自动温度仪显示为 120 摄氏度。操作工人解释说，140 摄氏度高温耗电量太大，120 摄氏度高温足以杀菌了。

分析　条款 8.5.1 指出：组织应在受控条件下进行生产和提供服务。

8.5.2　标识和可追溯性

需要时，组织应采用适当的方法识别输出，以确保产品和服务合格。

组织应在生产和服务提供的整个过程中按照监视和测量要求识别输出状态。

扫一扫看微课视频：条款 8.5.2 案例解析

当有可追溯要求时，组织应控制输出的唯一性标识，且应保留实现可追溯性所需的形成文件的信息。

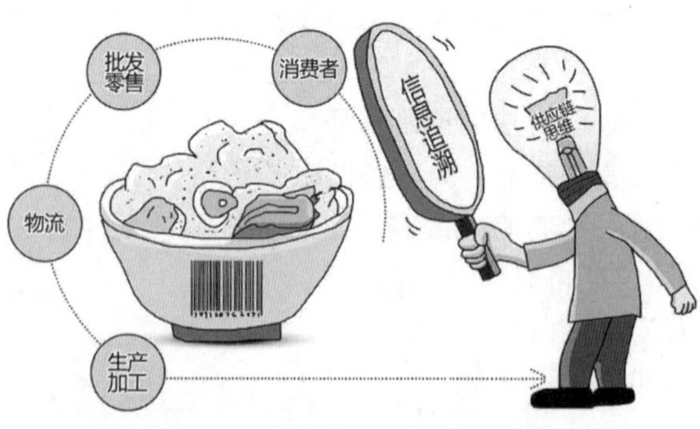

图 3–8　标识和可追溯性示意图片

条款理解：

本条款提醒需要在产品实行的全过程中对产品进行识别，以及在产品实现过程中对状态进行识别，以及满足可追溯性的要求。

产品标识的目的是区分不同性质的产品，以防止混淆或误发误用。所以产品的标志和产品状态的标识并不是一项必须的要求，仅在可能引起混淆时才需要用适当的方法区分产品。

可追溯性是指："追溯所考虑对象的历史、应用情况或所处场所的能力"，对产品而言，可追溯性可涉及原材料和零部件的来源、加工过程的历史、产品交付后的分布和场所等。可追溯性同样不是一项必须的要求，仅在需要时才需确定和使用。

产品标识、监视和测量状态标识和唯一性标识之间的区别见表 3-4。

表 3-4　产品标识、监视和测量状态标识和唯一性标识之间的区别

	产品标识	监视和测量状态标识	唯一性标识
目的	区分不同规格、型号、特点或特性的产品，防止在产品实现过程中的混淆	区分不同监视和测量状态的产品，防止误用不合格	需要时实现产品和服务的可追溯性
标识的必要性	产品容易发生混淆时才需要的标识	在产品实现过程中必须有的标识	有追溯性要求时才需有的标识
标识的可变性	在产品实现过程中通常是不变的	在产品实现过程中可随监视和测量状态的变化而发生变化	是唯一性（不可变）的标识

案例 3-33　审核员在生产区域看到工人们正紧张地工作，有的把产生的废品放在旁边的篓子里，有的把漏了工序需要补上的产品也放在旁边篓子里。审核员仔细看了看并没有发现这几种篓子有什么不同。审核员又把篓子里的产品拿出来比较了一下，也没有看出区别。

分析　生产区域本来就是各种工序的产品都有，产生废品也是正常情况，但没有把这几种情况进行区别，都放在旁边的篓子里，不符合 ISO 9001:2015 8.5.2 规定的要求。

8.5.3　顾客或外部供方的财产

组织在控制或使用顾客或外部供方的财产期间，应对财产进行妥善管理。

对组织使用的或构成产品和服务一部分的顾客和外部供方财产，组织应予以识别、验证、保护和维护。

若顾客或外部供方的财产发生丢失、损坏或发现不适用的情况，组织应向顾客或外部供方报告，并保留相关形成文件的信息。

注：顾客或外部供方的财产可能包括材料、零部件、工具和设备、顾客的场所、知识产权和个人信息。

条款理解：

顾客或外部供方的财产是指所有权为顾客、外部供方所有，但由组织控制、使用或者构成产品一部分的财产。顾客、外部供方财产可包括知识产权、秘密的或私人的信息。顾客的私密信息，包括电话、住址等。

对于顾客、外部供方财产，组织应予以识别，验证其适应性，并采取适当的方法爱护、保护和维护，以避免其损坏、丢失或不适用。当顾客、外部供方财产发生损坏、丢失或不适用时，组织应向顾客或外部供方报告，听取他们的意见，并予以记录。

案例 3–34 审核员在元器件仓库中发现六个箱子标有“客户来件”字样，仓库主任解释说：“这是用户送来的一批特殊电子元器件，指定安装在为他们制造的产品上。”审核员问用户提供的元器件是否经过验证，仓库主任说：“这些元器件既然由用户提供，质量当然由他们负责，我们不用验证。再说，对这样的高科技产品我们根本就没有检验的手段。”

分析 对组织使用的或构成产品和服务一部分的顾客和外部供方财产，组织应予以识别、验证、保护和维护。

8.5.4 防护

组织应在生产和服务提供期间对输出进行必要防护，以确保质量符合要求。

注：防护可包括标识、处置、污染控制、包装、储存、传送或运输及保护。

条款理解：

产品防护的目的是保证最终形成的产品和服务质量不下降，防护还包括产品和服务质量的形成环节和保持环节。这些环节如果控制不好就可能使已经形成的质量丧失。

产品和服务质量的形成环节包括产品的组成部分、服务提供所需的任何有形的过程输出；产品和服务质量的保持环节包括搬运、包装、贮存和保护。

具体的对产品的防护可以包括以下内容：

（1）标识：应建立并保护好防护标识，如提示防碰撞、防雨淋等。另外要注意产品防护标识与产品标识的不同。

（2）搬运：在产品实现全过程中，应根据产品当时的特点，在搬运过程中选用适当的搬运设备及搬运方法，防止产品在生产、交付及提供相关服务的过程中因搬运不当而受损。

（3）包装：应根据产品的特点及顾客的要求对产品进行包装，重点是防止产品受损。

（4）贮存：各种原材料、在制品、成品均应贮存在适宜的场所，贮存条件应与成品要求相适应，如必要的通风条件、防潮、控温、洁净、采光、防雷、防火、防水、防虫、防鼠等条件，以防止成品在交付给顾客之前受损。

（5）保护：采取各种保护措施，确保交付给顾客的成品符合要求。

案例 3–35 某餐厅王总经理陪同审核员一行来到厨房现场参观时，厨房入口处贴着“非本部工作人员请勿入内”的字条，总经理邀请大家进厨房作业区参观，并热情向审核员们介绍本餐厅特级厨师李师傅。审核组长说：“我们这么多人进去，会不会影响厨师的工作？”王总经理说：“没关系，没关系的。”审核员们看到厨房井井有条，生熟食品分类放置，标识明显。李师傅正在加工一道餐厅特色大菜，审核员们一起围在炉台边围观李师傅操作。

分析 虽然王总经理邀请审核员们进入厨房，大家遵照卫生规则，在不影响产品形成环节的卫生质量是没有问题的。但“审核员们一起围在炉台边围观李师傅操作”显然不符合 ISO 9001:2015 8.5.4 规定的要求。

案例 3-36 某家具厂为一公司生产了一批办公用木质家具，出厂前经检验全部合格，按照合同要求送货上门，交付给公司时发现，因在运输过程中受到雨淋，部分家具出现轻微变形现象，有的家具因碰撞出现裂痕，部分家具镜子也破损了。

分析 组织应在生产和服务提供期间对输出进行必要防护，以确保其质量符合要求。

8.5.5 交付后的活动

组织应满足与产品和服务相关的交付后活动的要求。

在确定交付后活动的覆盖范围和程度时，组织应考虑：

a）法律法规要求；

b）与产品和服务相关的潜在不期望的后果；

c）其产品和服务的性质、用途和预期寿命；

d）顾客要求；

e）顾客反馈。

注：交付后活动可能包括担保条款所规定的相关活动，如合同规定的维护服务，以及回收或最终报废处置等附加服务等。

条款理解：

按照产品的特性和生命周期相适应的交付后活动包括有形产品的生命周期结束的处理，和一些特殊产品的后期相关风险活动。这些后期处理除了风险担当和顾客反馈情况，还需要考虑法律法规的要求。根据产品不同，优先顺序可能会不同。如现在社会上一些高利息的理财产品，就首先要考虑法律法规的要求。

案例 3-37 某国外品牌的沙发床广告非常吸引小李的注意，商家承诺三年保修。他终于如愿买了一张。可是事与愿违，还没有到 3 个月，沙发床的架子中一根梁断裂了，小李赶紧给售后打电话，很快有工作人员来换了一根。谁知 1 年以后，那根梁又断裂了。这次小李始终打不通电话，即使打通了商城的客服，也找不到品牌负责售后的人员。沙发床丢也不是，用也不是。

分析 条款 8.5.5 中规定“交付后活动可能包括担保条款所规定的相关活动，如合同规定的维护服务，以及回收或最终报废处置等附加服务等”，所以交付后的风险是维护服务的处理。本案例的品牌厂家对产品交付后的处理不符合 ISO 9001:2015 8.5.5 规定的要求。

8.5.6 变更控制

组织应对生产和服务提供的更改进行必要的评审和控制，以确保生产和服务稳定地符合要求。

组织应保留形成文件的信息，包括有关更改评审结果、授权进行更改的人员及根据评审所采取的必要措施。

条款理解：

导致需要变更的原因很多，有主动和被动的。如顾客要求、产品改进、供方要求、使用条件、外部环境、新的法律法规要求等。所以应对变更的潜在后果进行评价。

案例 3-38　由于刚营业不久，某餐厅对顾客口味的要求非常看重，有批顾客说口味太辣了，于是餐厅经理赶紧跟厨房打招呼说，以后不能放太多辣。可是不久又有顾客提意见说该辣的菜不够辣。餐厅经理又去跟厨房打招呼说菜要多放辣。

分析　本例的餐厅经理把既定菜品口味随意变更，不符合 8.5.6 “组织应对生产和服务提供的更改进行必要的评审和控制，以确保生产和服务稳定地符合要求”。

知识点 6：产品和服务的放行

8.6　产品和服务的放行

组织应在适当阶段实施策划的安排，以验证产品和服务的要求已被满足。

除非得到有关授权人员的批准，适用时得到顾客的批准，否则在策划的安排已圆满完成之前，不应向顾客放行产品和交付服务。

组织应保留有关产品和服务放行的形成文件的信息。形成文件的信息应包括：

a）符合接收准则的证据；

b）授权放行人员的可追溯信息。

扫一扫看微课视频：条款 8.6 案例解析

条款理解：

在适当的阶段验证产品和服务是否满足要求，这个适当的阶段在策划的时候就应该明确，一般反映在产品的检验计划、检验程序或检验标准中。应事先确定以下几个方面：

（1）何时何地需要对产品和服务进行验证；

（2）每个阶段进行验证的依据是什么；

（3）用什么方法进行验证，如抽样检验方案等；

（4）由哪个部门哪些人实施；

（5）验证的结果需要形成什么证据，如验证记录等。

不同的产品和服务所进行的验证活动从形式到内容都会不同。通常，只有策划的符合性验证已经完成才能放行产品和交付服务。

在特定条件下放行产品和交付服务可以放在符合性验证之前进行。如在紧急条件下，可以例外放行产品，但必须得到有关授权人员的批准，适用时得到顾客批准。例外放行并不标识产品可以不进行验证，当验证结果不符合要求时，组织应有办法保证追回例外放行的产品。

知识点 7：不合格输出的控制

8.7　不合格输出的控制

8.7.1　组织应确保对不符合要求的输出进行识别和控制，以防止非预期的使用或交付。

组织应根据不合格的性质及其对产品和服务的影响采取适当措施。这也适用于在产品交付之后发现的不合格产品，以及在服务提供期间或之后发现的不合格服务。

组织应通过下列一种或几种途径处置不合格输出：

a）纠正；

b）对提供产品和服务进行隔离、限制、退货或暂停；

c）告知顾客；

d）获得让步接收的授权。

对不合格输出进行纠正之后应验证其是否符合要求。

8.7.2　组织应保留下列形成文件的信息：

a）有关不合格的描述；

b）所采取措施的描述；

c）获得让步的描述；

d）处置不合格的授权标识。

条款理解：

组织应确保对不符合要求的产品和服务得到识别和控制，主要目的是防止其非预期的使用和交付对顾客造成不良影响。产品的不合格可能是半成品或成品。服务的不合格可能是服务程序或服务人员的问题。

对不合格的处置可分为：

（1）采取纠正措施，如返工、返修、降级或报废；

（2）对不合格品采取措施，让步使用；

（3）采取措施，防止不合格的非预期使用或应用。如对不合格品进行标识和隔离、降级使用、拒收、报废等。

（4）当在交付后或开始使用后发现产品不合格时，组织应采取适当的纠正措施。可以采取的措施有对不合格成品进行返修，以使不合格产品满足预期用途。

（5）对不合格产品或服务纠正之后还必须对其再次验证，只有证实其符合要求才能放行和交付。

对不合格产品和服务的性质及采取的措施等信息都应形成文件，包括经批准的让步措施。

案例 3–39　汽车生产厂家发现汽车存在质量隐患或缺陷问题时，常常采用召回、免费更换零部件或免费维修的方式，同时通过媒体向客户道歉。

分析　召回的措施是符合 ISO 9001:2015 8.7.1 规定“组织应根据不合格的性质及其对产品和服务的影响采取适当措施。这也适用于在产品交付之后发现的不合格产品”。向客户道歉是组织为了尽可能消除或抵减对组织不利的影响。当然，在不合格品得到纠正之后应对其再次进行验证，以证实产品质量符合要求。

学习任务 3-8 绩效评价

扫一扫看微课视频：条款 9 绩效评价

学习情境描述

当管理者没有一个合理的考评标准，根据一些非员工个人所能控制的因素来考核员工时，员工就会放弃努力。如销售部经理将产品质量列为销售员的考评标准之一，但产品质量是销售员无法控制的，这样销售员的努力与报酬之间的联系就会中断，他的努力水平就会下降。

？ 问题引导 1：你觉得企业监视和测量的方式有哪些？____。

？ 问题引导 2：作为质量管理人员，你觉得应如何发挥内部审核和管理评审的作用？____

？ 问题引导 3：作为审核员，你将如何对第 9 章的条款进行审核？____。

学习目标

（1）了解监视、测量企业要完成哪些工作。

（2）掌握内审的组织要点和要求。

（3）掌握管理评审的组织要点和要求。

学习情境的相关知识点

知识点 1：监视、测量、分析和评价

> **9.1　监视、测量、分析和评价**
>
> **9.1.1　总则**
>
> 组织应确定：
>
> a）需要监视和测量什么；
>
> b）需要用什么方法进行监视、测量、分析和评价，以确保结果有效；
>
> c）何时实施监视和测量；
>
> d）何时对监视和测量的结果进行分析和评价。
>
> 组织应评价质量管理体系的绩效和有效性。
>
> 组织应适当保留形成文件的信息，以作为结果的证据。

条款理解：

标准需要组织从绩效的角度对整个体系进行评估分析。从质量管理体系的符合性和有效性的角度进行评价，评价的时机、方法和指标应该在评价之前就确定，并可以提供相应的证据确定评价的结果。

组织评价质量管理体系的有效性，在策划时就应该确定各个过程的监视和测量时机，还需要明确对监测和测量结果进行分析和评价的时间节点。组织这些工作均可适当保留形

成文件的信息，以作为结果的证据。

9.1.2 顾客满意

扫一扫看微课视频：条款 9.1.2 和 9.1.3 案例解析

组织应监视顾客对其需求和期望已得到满足程度的感受。组织应确定获取、监视和评审这些信息的方法。

注：监视顾客感受的方式可包括顾客调查、顾客对交付产品或服务的反馈、顾客座谈、市场占有率分析、顾客赞扬、担保索赔和经销商报告。

条款理解：

顾客满意是指顾客对其要求已被满足程度的感受。即使顾客的要求符合顾客的期望并得到满足，也不一定确保顾客很满意。

组织必须关注其外部顾客的满意程度，对顾客是否满意的情况进行调查。获取数据后，利用统计技术，评价获取的数据，以确定增强顾客满意的机会。

获取顾客满意信息的方法有如下几种：

（1）有计划地向顾客发送《顾客满意度调查表》《顾客满意度问卷》等表格，在顾客自愿填写之后收回。

（2）让顾客在接受产品或服务之后及时填写《顾客意见书》后返回。

（3）组织人员有计划地访问顾客代表，记录并填写《顾客满意度调查表》等记录。这个访问可以是电话，也可以是邮件、微信或面谈等。

（4）每年定期、有计划地要求顾客代表参加组织召开的专题座谈会，并做好座谈会记录。

图 3-9 顾客满意图片

案例 3-40 某酒店对顾客满意的调查方式是在大厅服务台摆放顾客意见本，翻看一下，发现顾客提的意见不多，平均一天 2～3 条。大堂经理解释说，每天到我们酒店住宿的顾客有 500 人左右，可以说顾客的不满意也就占 0.4%～0.6%。

分析 表面看来案例提意见的顾客确实并不多，但在一般情况下，不满意的顾客中只有一小部分会填写意见本。有统计数据表明，在 100 名不满意的顾客中，只有 4～10 人会抱怨或填写意见本。这说明意见本上的一条意见就意味着 10～25 人不满意。所以说，本例获取顾客满意信息的方法过于简单，不符合 ISO 9001:2015 9.1.2 规定的要求。

9.1.3　分析与评价

组织应分析和评价通过监视和测量获得的适宜数据和信息。应利用分析结果评价：

a）产品和服务的符合性；

b）顾客满意程度；

c）质量管理体系的绩效和有效性；

d）策划是否得到有效实施；

e）针对风险和机遇所采取措施的有效性；

f）外部供方的绩效；

g）质量管理体系改进的需求。

注：数据分析方法可以包括统计技术。

条款理解：

数据分析的内容可以包括：

（1）与顾客满意有关的信息。如顾客满意度、顾客抱怨、交货及时性、市场占有率、顾客流失率等。根据这些信息，可以证实质量管理体系的业绩。

（2）与产品要求符合性有关的信息。如产品合格率、不合格情况和严重程度、与产品要求的差异及差异程度、顾客反馈有关产品质量方面的信息等。根据这些信息，可以证实质量管理体系的有效性。

（3）与过程和产品特性及趋势有关的信息。如过程业绩及变化趋势、过程能力及变化趋势、产品特性及变化趋势等。根据这些信息可以评价在何处可以改进质量管理体系的有效性。

数据分析的目的是质量管理体系的改进及使产品和服务能持续满足顾客要求。

案例 3-41　某机械厂曲轴车间的质量目标规定成品的合格率为 95%，在内审中发现近五个月合格率分别为：97.3%、96.52%、96.00%、95.30%、95.01%。车间主任说："这几年来，我们的指标都能保持在 97%左右，上个月的合格率是 95.01%，又达到了 95%的质量目标要求，情况很好，不影响我们车间的奖金。"

分析　该机械厂近五个月的合格率虽然超过质量目标要求，但总体呈下降趋势，所以应该进行数据分析，找出原因，为改进提供依据。该厂现在的处理方式不符合 ISO 9001:2015 9.1.3（a）规定的要求。

知识点 2：监视、测量、分析和评价

9.2　内部审核

9.2.1　组织应按照策划的时间间隔进行内部审核，以提供有关质量管理体系的下列信息：

a）是否符合质量管理体系要求：

（1）组织自身的质量管理体系要求；

（2）本标准的要求。

b）是否得到有效的实施和保持。

9.2.2 组织应：

a）依据有关过程的重要性、对组织产生影响的变化和以往的审核结果，策划、制订、实施和保持审核方案，审核方案包括频次、方法、职责、策划要求和报告；

b）规定每次的审核准则和范围；

c）选择可确保审核过程客观公正的审核员实施审核；

d）确保相关管理部门获得审核结果报告；

e）及时采取适当的纠正措施；

f）保留作为实施审核方案及审核结果的证据的形成文件的信息。

注：相关指南参见 GB/T 19011。

条款理解：

内部审核包括内部质量管理体系审核、内部过程审核和内部产品和服务质量审核。本条款主要是指内部质量管理体系审核，它是评价组织质量管理体系的一种方法。

组织应该按策划的时间间隔进行内部审核，发现质量管理是否符合组织和标准的要求，以及质量管理是否得到有效实施和保持。

审核方案是针对特定时间段所策划，并具有特定目的的一组（一次或多次）审核。审核方案的策划应考虑拟审核的过程和区域的状况和重要性及以往审核的结果。

组织应规定内部审核程序形成文件的信息，并规定以下内容：

（1）对审核方案进行策划时应依据拟审核的过程和区域的状况和重要性及以往审核结果，规定审核的准则、范围、频次、目的和方法等。

（2）审核的职责，包括审核人员的职责和资格，审核人员应经过培训和资格认可，并与受审核对象无直接责任和管理关系，从而确保审核过程的公正性和客观性。

（3）审核过程实施，纠正措施的实施和验证过程需要明确相关责任人。

案例 3–42 某化工厂在内部质量体系审核时，针对不同部门，组成审核组。在对四车间审核时，由质管办主任担任审核组组长，三车间主任和四车间技术副主任担任组员，因为他们两人对四车间的流程、设备、工艺和人员最为了解。

分析 内部质量体系审核，由四车间的技术副主任审核四车间的行为，不符合 ISO 9001:2015 9.2.2（c）规定的要求。

知识点 3：监视、测量、分析和评价

9.3 管理评审

9.3.1 总则

最高管理者应按照策划的时间间隔对组织的质量管理体系进行评审，以确保其持续的保持适宜性、充分性和有效性，并与组织的战略方向一致。

9.3.2 管理评审输入

策划和实施管理评审时应考虑下列内容：

a）以往管理评审所采取措施的实施情况；

b）与质量管理体系相关的内外部因素的变化；

c）有关质量管理体系绩效和有效性的信息，包括下列趋势性信息：

（1）顾客满意和相关方的反馈；

（2）质量目标的实现程度；

（3）过程绩效及产品和服务的符合性；

（4）不合格后采取的纠正措施；

（5）监视和测量结果；

（6）审核结果；

（7）外部供方的绩效。

d）资源的充分性；

e）应对风险和机遇所采取措施的有效性（见 6.1 节）；

f）改进的机会。

9.3.3 管理评审输出

管理评审的输出应包括与下列事项相关的决定和措施：

a）改进的机会；

b）质量管理体系所需的变更；

c）资源需求。

组织应保留作为管理评审结果证据的形成文件的信息。

条款理解：

管理评审是最高管理者为确定质量管理体系达到规定目标的适宜性、充分性和有效性而进行的系统评价活动。管理评审是最高管理者的职责之一，由最高管理者主持，按照策划的时间间隔进行。

质量管理体系的持续适宜性是指：组织内外部各种环境的不断变化，客观上要求组织的体系也要不断进行相应的调整和变化，持续改进以适应变化的需要。

质量管理体系的持续充分性是指：体系的过程识别和分析是否充分，并对现有体系中存在的不充分进行改进和改善。

质量管理体系的持续有效性是指：完成所策划的活动并达到所策划结果的程度度量。应将来自组织内部和外部、产品和服务及体系的各种信息进行分析，并判断是否与组织的战略方向保持一致。

本条款的 a），b），c），d）、e）和 f）可以综合考虑作为管理评审输入的参考。包括了组织质量管理体系内部和外部、产品和体系、过去和限制的各方面的信息。同时要注意 9.3.2 c）中的（6）审核结果应包括第一方内部审核、第二方审核和第三方审核的结果。

管理评审输出是对组织的质量管理体系做出战略决策的重要依据。管理评审输出应包括对组织战略管理体系的适宜性、充分性和有效性进行的总体评价结论；对产品、过程和体系有效性进行改进的决定和措施；有关资源需求的决定和措施等。

案例 3–43 某公司每年都进行一次管理评审，员工都对管理评审很有经验了。在收集材料的时候，由于前几年第二方（供方）审核结果提供的资料没有什么改变，今年领导都出差了，大家一致认为就不需要去供方收集什么信息了。反正也不会有什么改变，就用去年的资料好了。

分析　管理评审的输入说得很清楚，审核结果需要第二方审核的资料，即使与前几年的结果差不多也不表示今年也会如此。所以这个程序不能省，必须正常采集第二方审核结果的信息。而且管理评审由最高管理者主持，出差了不表示不管了，领导还是要总体指挥整个管理评审的。本案例不符合 ISO 9001:2015 9.2.2 规定的要求。

学习任务 3-9 持续改进

扫一扫看微课视频：条款 10 改进

学习情境描述

持续改进活动是企业创新的动力，是指当你按照体系策划的要求实施控制后仍然进行监视和测量，得出定性或定量的分析，对这些指标进行有目的改进，确保各项要求能够得到提高和改善，并不退步，不犯同样的错误，能够发现可能会发生但未发生的错误。

? 问题引导 1：你觉得企业在持续改进方面可以做哪些工作？____。

? 问题引导 2：如何能持续改进在组织质量管理中的作用？____。

? 问题引导 3：作为审核员，你将如何对第 10 章的条款进行审核？____。

学习目标

（1）了解企业出现不合格的处理办法。

（2）掌握持续改进的组织实施要点。

学习情境的相关知识点

知识点 1：总则 不合格和纠正措施

10.1 总则

组织应确定并选择改进机会，采取必要措施，以满足顾客要求和提高顾客满意。

这应包括：

a）改进产品和服务以满足要求并关注未来的需求和期望；

b）纠正、预防或减少不利影响；

c）改进质量管理体系的绩效和有效性。

注：改进的例子可以包括纠正、纠正措施、持续改进、突变性变革、创新和重组。

10.2 不合格和纠正措施

10.2.1 若出现不合格，包括投诉所引起的不合格，组织应：

扫一扫看微课视频：条款 10.2 案例解析

a）对不合格做出应对，适用时：

（1）采取措施予以控制和纠正；

（2）处置产生的后果。

b）通过下列活动，评价是否需要采取措施，以消除产生不合格的原因，避免其再次发生或在其他场合发生：

（1）评审和分析不合格；

（2）确定产生不合格的原因；

（3）确定是否存在或可能发生类似的不合格。

c）实施所需的措施；
d）评审所采取的纠正措施的有效性；
e）需要时，更新策划期间确定的风险和机遇；
f）需要时，变更质量管理体系。
纠正措施应与所产生的不合格的影响相适应。
10.2.2 组织应保留形成文件的信息，作为下列事项的证据：
a）不合格的性质及随后所采取的措施；
b）纠正措施的结果。

条款理解：

组织在发现不合格时，都应当采取适当的措施进行处置或纠正，但并不需要对所有不合格都采取纠正措施。要区分纠正和纠正措施。如斩草除根，“斩草”是纠正，“除根”是纠正措施。纠正措施一般是针对那些带有普遍性、规律性、重复性或重大的不合格采取的措施；而对于个别的、偶然的、轻微的或需要投入很大成本才能消除原因的不合格，组织应通过综合评价这些不合格对组织的影响程度后，再做出是否采取纠正措施的决定。

以下6步骤，体现了PDCA（Plan计划、Do执行、Check检查、Act处理）的过程方法在纠正措施方面的应用。

（1）评审不合格，包括体系和产品质量方面的不合格，特别应注意由于不合格所引起的顾客抱怨；

（2）调查分析不合格的原因；

（3）评价确定不合格不再发生的措施的有效性；

（4）确定实施所需要的纠正措施；

（5）保留纠正措施的结果，形成文件的信息；

（6）评审所采取措施的有效性。

组织应保留所批准的纠正措施的形成文件的信息，并评价纠正措施的有效性。

纠正措施要根据不合格的综合影响程度而定，包括组织宗旨、市场形象、信誉、成本、经济效益等因素，采取纠正措施的程度，应该与所承担的风险相当。

当在交付或开始使用后发现产品不合格时，组织应采取与不合格的影响潜在影响相适应的措施，以防止类似不合格的再次发生。组织应保留形成文件的信息，以作为证据，参考不合格的性质采取相应措施，并保留纠正措施的结果。

案例 3-44 某陶瓷厂的小王在调制配方时，发现季节的变化会影响原材料的含水量，而且这个影响会造成成品烧制的合格率。于是他向原料车间主任提出了此事，厂里马上就此项工作采取了相应措施。规定以后的原材料进行调配前都应进行含水量的测试，并形成文件。

分析 陶瓷厂的做法符合ISO 9001:2015 10.1（b）的要求，采取有效的纠正措施后，该厂的成品合格率不会再因为季节变化造成波动了。

知识点1：持续改进

10.3 持续改进
组织应持续改进质量管理体系的适宜性、充分性和有效性。

组织应考虑管理评审的分析、评价结果，以及管理评审的输出，确定是否存在持续改进的需求或机会。

条款理解：

持续改进是指提高满足要求的能力的循环活动。持续改进质量管理体系的适宜性、充分性和有效性，就是要求组织不断寻求对质量管理体系过程进行改进的机会。在质量管理体系中，组织可以通过数据分析，组织变更、风险识别和抓住机遇对质量管理体系、过程、产品和服务进行改进。改进措施可以是日常渐进的改进活动，也可以是重大的改进活动。

持续改进是一个螺旋式上升的过程，在质量管理体系基础中明确了持续改进的基本活动，步骤和方法如下：

（1）分析和评价现状，以识别改进区域；

（2）确定改进目标；

（3）寻找可能的解决办法，以实现这些目标；

（4）评价这些解决办法并做出选择

（5）实施选定的解决方法；

（6）测量、验证、分析和评价实施的结果，以确保这些目标已经实现；

（7）正式采纳更改。

持续改进是组织永恒的主题，由于组织应以顾客为关注焦点，而顾客的要求是不断变化的，所以一个组织想要提高顾客满意度，就必须开展持续改进活动。

案例 3-45 赵艳是海尔集团的一名普通员工，她已经工作了 12 年，这些年来，她正不断地经历着海尔集团信息化的变更。说起这些改变，赵艳回忆说，10 年前，她要接触很多单据，如领料单、物料单、手工领料、手工记账、手工对账，所以，账本总是非常多，当时她最怕的就是对账了，事情又多又容易出错。

随着海尔集团信息化的推进，2000 年下半年，赵艳就用上了 SAP 系统。信息化极大提高了工作效率，物料信息都在系统里流通，过去十几个人才能做的工作现在只需要几个人就行。随着信息化升级，系统将销售、生产、采购等不同流程“打通”，信息越来越准确，订单执行也越来越精准。对人员的素质要求也越来越高。赵艳说：“这虽然是一个挑战，但更是机遇，我们很欢迎这种改变，因为它让我们的工作与市场越来越合拍，越来越有价值。”

分析 海尔集团的信息化是抓住了新的机遇，从案例看，海尔集团之前的单据传递由手工变更为计算机系统，再到各个环节的“打通”，大幅度提高了质量管理体系的有效性，是组织抓住机遇进行改进的好例子。符合 ISO 9001:2015 10.3 规定的要求。

学习任务 3–10 质量管理体系判标

任务分组

表 3-5 质量管理体系判标活动安排

班级		组号		指导老师	
组长		学号			
组员	姓名	学号	姓名	学号	
任务分工					

任务准备

（1）理解 ISO 9001 标准各个条款的内容。

（2）找出案例视频中的不符合情况。

（3）按照就近原则找出不符合情况的违背 ISO 9001 标准的条款。

任务实施

扫一扫看微课视频：审核案例

1）不符合情况寻找

? 问题引导 1：违背以下哪些情况可以判定为不符合？

A．ISO 9001 标准要求

B．组织的质量管理体系要求

C．顾客要求

D．法律法规要求

2）不符合条款判定

? 问题引导 2：查找资料，说明不符合条款在判标时依据哪些原则？________、________、________。

表 3-6 判标任务表单

不符合项判标				
小组：				
序号	不符合说明	不符合项对应条款	原因	备注

评价反馈

学生进行自评，评价自己是否完成寻找不符合事实，能不能根据不符合事实找到对应的条款。老师对学生评价的内容包括表格格式是否规范，内容阐述是否详细、完整、合理，任务完成过程是否积极参与小组活动，是否具有良好的工作态度。

（1）学生自我评价，并将结果填入表 3-7。

表 3-7 学生自评表

班级：	姓名：	学号：	
学习情境 3	不符合项判标		
评价项目	评价标准	分值	得分
视频观察	认真观看视频，反复研究案例	10	
不符合项寻找	能够认真寻找不符合项，正确率高	10	
不符合描述	描述准确，能正确说明不符合的内容	15	
判标精确	能正确判定不符合所对应的标准条款	20	
判标原则	掌握判标原则	15	
任务态度	态度端正、无缺勤、迟到、早退现象	5	
任务质量	能按时按计划完成工作任务	10	
协调能力	与小组成员、同学之间能合作交流、协调工作	5	
职业素养	具备审核员独立思考、严谨认真、爱护公共设施等应具备的素养	5	
创新意识	在任务完成过程中，具有良好的学习习惯、思维活跃、提出很有建设性的建议	5	
总分			

（2）学生以小组为单位，对上述学习情境的过程和结果进行互评，将互评结果填入表 3-8 学生互评表中。

表 3-8　学生互评表

学习情境 3		不符合项判标													
评分项目	分值	等　级								评价对象（组别）					
										1	2	3	4	5	6
计划合理	8	优	8	良	7	中	6	差	4						
方案准确	8	优	8	良	7	中	6	差	4						
团队合作	8	优	8	良	7	中	6	差	4						
组织有序	8	优	8	良	7	中	6	差	4						
任务质量	8	优	8	良	7	中	6	差	4						
任务效率	8	优	8	良	7	中	6	差	4						
任务完整	10	优	8	良	7	中	6	差	4						
任务规范	16	优	8	良	7	中	6	差	4						
报告合理	16	优	8	良	7	中	6	差	4						
报告展示	10	优	8	良	7	中	6	差	4						
合　计	100														

（3）教师对学生工作过程与工作结果进行评价，并将评价结果填入表 3-9 教师综合评价表中。

表 3-9 教师综合评价表

<table>
<tr><td colspan="2">班级：</td><td>姓名：</td><td colspan="3">学号：</td></tr>
<tr><td colspan="2">学习情境 3</td><td colspan="4">不符合项判标</td></tr>
<tr><td colspan="2">评 价 项 目</td><td colspan="2">评 价 标 准</td><td>分 值</td><td>得 分</td></tr>
<tr><td colspan="2">考勤（10%）</td><td colspan="2">无迟到、早退、旷课现象</td><td>10</td><td></td></tr>
<tr><td rowspan="11">任务过程（60%）</td><td>视频观察</td><td colspan="2">认真观看视频，反复研究案例</td><td>5</td><td></td></tr>
<tr><td>不符合项寻找</td><td colspan="2">能够认真寻找不符合项，正确率高</td><td>5</td><td></td></tr>
<tr><td>不符合描述</td><td colspan="2">描述准确，能正确说明不符合的内容</td><td>5</td><td></td></tr>
<tr><td>判标精确</td><td colspan="2">能正确判定不符合所对应的标准条款</td><td>5</td><td></td></tr>
<tr><td>判标原则</td><td colspan="2">掌握判标原则</td><td>5</td><td></td></tr>
<tr><td>视频观察</td><td colspan="2">认真观看视频，反复研究案例</td><td>10</td><td></td></tr>
<tr><td>工作态度</td><td colspan="2">态度端正、无缺勤、迟到、早退现象</td><td>5</td><td></td></tr>
<tr><td>任务质量</td><td colspan="2">能按时按计划完成工作任务</td><td>5</td><td></td></tr>
<tr><td>协调能力</td><td colspan="2">与小组成员、同学之间能合作交流、协调工作</td><td>5</td><td></td></tr>
<tr><td>职业素养</td><td colspan="2">具备审核员独立思考、严谨认真、爱护公共设施等应具备的素养</td><td>5</td><td></td></tr>
<tr><td>创新意识</td><td colspan="2">在任务完成过程中，具有良好的学习习惯、思维活跃、提出很有建设性的建议</td><td>5</td><td></td></tr>
<tr><td rowspan="4">项目成果（30%）</td><td>任务完整</td><td colspan="2">能按时完成任务</td><td>5</td><td></td></tr>
<tr><td>任务规范</td><td colspan="2">按规范要求完成审核计划框架</td><td>5</td><td></td></tr>
<tr><td>报告合理</td><td colspan="2">报告整体合理、美观</td><td>10</td><td></td></tr>
<tr><td>报告展示</td><td colspan="2">能正确表达任务内容，汇报任务成果</td><td>10</td><td></td></tr>
<tr><td colspan="4">合 计</td><td>100</td><td></td></tr>
<tr><td rowspan="2">综合评价</td><td>自评（20%）</td><td>小组互评（30%）</td><td>教师评价（50%）</td><td colspan="2">综合得分</td></tr>
<tr><td></td><td></td><td></td><td colspan="2"></td></tr>
</table>

拓展思考题

（1）不符合事实的判标到底应该遵循什么原则？

（2）不符合项判标技巧？

学习情境的相关知识点

知识点 1：不符合项判标的原则

不符合事实在对应到标准时，一般只写出一个条款。但我们在练习时往往会觉得一个事实中有很多不符合的地方，不知如何选择，判标时一般遵循如下原则：

（1）粗细结合

能细则细，不能细则粗；对上的则细，对不上的则粗原则。如 7.5.3 文件控制。

（2）最贴近原则

在标准中找不到完全能对号入座的条款时就判最为接近的条款。

（3）最有效原则

当存在多种判断时按最有利改进或改进最易见效的条款判处理。

（4）最关键原则

当同时存在多个问题时，应寻找关键词或关键客观证据或关键问题进行判标。

（5）最密切联系原则

有些问题应透过现象看本质，应按照与问题的产生关系最紧密的原因判断。

（6）合并同类项原则

相同的轻微不符合项可采取合并同类项的方法，如文件控制中的一些标识等。

（7）具体分析审核对象，切忌望文生义。

知识点 2：不符合项判标技巧

在判标时一般根据审核中的实际情况做如下标准的寻找：

1）最高管理者

标准中直接涉及最高管理者要求的条款有：5.1 管理承诺、5.1.2 以顾客为关注焦点、5.2 质量方针、5.3 职责和权限、6 策划、9.3 管理评审等，如判上述条款有不符合项，往往意味着系统失效，且主要责任者是最高管理者，其不符合所引起的随后措施，可能会影响整个质量管理体系，所以应审判。

2）更改

对设计、开发要求及相关文件的更改问题，应判“8.3.6 设计和开发更改的控制”；对来自顾客产品要求相关文件的更改问题应判“8.2.3 与产品有关要求的评审”；对目标及相关文件的更改问题应判“6.3 变更的策划”；除对上述判断外质量管理体系文件的更改问题均可判到“7.5.3 文件控制”。

3）标识

标准中直接涉及标识的条款有 7.5.3 文件控制、8.5.2 标识和可追溯性、8.5.3 顾客财产、8.5.4 防护等。在对标识问题进行判断时，应根据标识的对象、性质、寻找相应条款。

4）记录

标准中对要求有记录而无记录时，应判到所对应条款；对用于提供证据的记录问题，应判到“7.5.3 文件控制”；对作为产品实现质量记录的策划问题应判到“8.1 运行策划和控制”。

5）人员

标准各条款中，涉及人员问题时，可采取由表及里的原则，如应知而不知、应会而不会，宜判到“7.1.2 人员”。

6）测量和监视

对过程中的人员、设备、工装、材料、环境、方法、信息、时间等过程参数的数量和监视，应判到“9.1 监视、测量、分析和评价”；对进货的特性的测量和监视应判到“8.4 外部提供过程、产品和服务的控制”；对生产和服务运作过程的监视活动应判到“8.5.1 条款生产和服务提供的控制”；对顾客满意与否的检测判到“9.1.2 顾客满意”。

7）做法

实际做法有效，但未满足规定要求，即合理不合法时应判不合格项；实际做法符合规定要求，但该做法不尽合理、科学，即合法不合理时，不应判不合格项。

8）评审

标准中直接涉及的评审要求的条款有 5.1 领导作用与承诺、5.2 质量方针、7.5.3 文件控制、9.3 管理评审、8.2.3 产品和服务要求的评审、8.3.2 设计和开发策划、8.3.3 设计和开发输入、8.3.4 设计和开发控制、8.3.6 设计和开发更改、8.5.1 生产和服务提供的控制、10.31 持续改进、10.2 不合格和纠正措施等。在对评审问题进行判标时应根据评审对象、性质及目的寻找相应条款。

9）识别

标准中直接涉及的条款有 4.4 质量管理体系、7.5.3 文件控制、8.2.3 设计和开发要求的评审、8.3.6 设计和开发更改、8.5.2 标识和可追溯性、8.5.3 顾客财产、7.1.5 监视和测量资源、8.7 不合格品输出的控制、9.1 监视、测量、分析和评价等。在对其进行判标时应根据识别场合、时机、对象、目的、范围寻找相应条款。

10）法律

向组织传达遵守法律问题，可判到“5.1 领导作用与承诺”；对组织执法的问题可根据涉及对象、范围，分别判到“5.1.2 以顾客为关注焦点”和“8.2.3 产品和服务要求的评审”和 7.2、7.3 能力、意识和培训等条款；对组织守法问题，可根据所处过程、场所、分别判到“8.3.3 设计和开发输入、8.3.5 设计和开发输出”；对组织行为是否符合法律法规评价问题，可根据评价目的、性质、对象、分别判到“9.3 管理评审、8.2.3 产品和服务要求的评审、8.3.4 设计和开发控制、9.2 内部审核等条款”。

11）资源

标准中直接涉及的条款有 4.4 质量管理体系、5.1 管理承诺、7.1.5 监视和测量资源、

7.1.3 基础设施、7.1.2 人员、8.1 运行策划和控制等。在对资源问题进行判断时，应根据识别、提供、使用、管理资源的场合、目的、类别、对象，寻找相应的条款。没有相应的条款可判时，均可判到 7.1 资源的提供。

12）沟通

标准中直接涉及的条款有 5.1 管理承诺、5.2 质量方针、5.3 职责和权限、7.4 沟通、8.2.1 顾客沟通、8.3.2 设计和开发策划、8.4.3 外部供方的信息等。在对其进行判标时，应根据沟通对象、过程、目的寻找相应条款。

13）改进

质量管理体系及其任意过程都存在改进机会。因此对改进问题的判断，应根据改进的对象、过程、时机寻找相应的条款。通常，针对不合格品产品本身所采取的措施问题应判到“8.7 不合格输出的控制”；针对审核发现所采取的措施问题，宜判到“9.3 管理评审”；针对过程中实际不合格产生的原因所采取的防止再发生的措施问题应判到“10.2 不合格与纠正措施”。

14）设施、设备、装置

对基础设施确定、提供、维护问题，应判到“7.3 基础设施”；对生产和服务设备使用、维护、工装管理等问题，应判到“8.5.1 生产和服务的提供控制”；对生产和服务设备的配置问题应判到“7.3 基础设施”；对生产和服务过程中用于监测和测量的装置，凡获得使用问题，应判 7.1.5，对凡测量能力、校准、防护、确认等问题，应判到“9.1 监视、策略、测量、分析和评价”。

15）防护

在生产和服务运作过程中（包括搬运、储存、包装、交付）涉及产品的防护应判到“8.5.4 产品防护”；涉及基础设施的防护，判到“7.3 基础设施”；涉及生产和服务（工装）的防护，应判到“8.5.1 生产和服务的控制”；涉及测量和监控装置的防护，应判到“7.1.5 监视和测量资源”；涉及人身安全的防护，应判到“7.4 工作环境”。

16）生产

“8.5.1 生产和服务提供控制”中应包括设备使用、工装、工艺、生产、搬运、储存、包装、交付、服务等组织产品实现的特点过程，在涉及上述方面问题时，在没有其他条款相对应时均可判到“8.5.1 生产和服务的控制”。

学习情境 4

ISO 19011：审核管理体系指南

教	本章节重点	1. 审核计划编制; 2. 检查表编制
	本章节难点	1. 审核小组组成; 2. 审核方案与审核计划的区别
	建议教授方法	小组讨论法、任务引导法，通过角色模拟，引导学生完成审核文件的撰写，从中归纳总结审核计划和检查表的要点。通过案例解析，理解审核相关术语，了解审核方案的应用
	建议学时	8 学时
学	推荐学习方法	1. 通过完成小组任务，掌握体系审核文件的编写要点; 2. 通过小组案例分析，了解审核相关术语
	学习目标	1. 掌握审核计划的编制要点; 2. 掌握检查表的编写方法; 3. 了解审核方案和审核计划的区别; 4. 掌握审核相关术语。

扫一扫看本学习情景电子教学课件

学习任务 4-1　审核类型及审核原则

扫一扫看微课视频：质量管理体系审核概述（上）

学习情境描述

王飞了解到一直心仪的公司通过了 ISO 9001 质量管理体系认证，为了提高自身竞争力，王飞决定面试前考一个内审员证书，但他考了审核员证能不能参加公司的内审？审核有哪些类型？作为审核员应该具有什么样的原则呢，王飞发现除了前面学习过的 ISO 9000 标准、ISO 9001 标准，他想知道的从 ISO 19011 标准可以找到答案。

? 问题引导 1：学习完术语和要求，你已经会审核了吗？____。

? 问题引导 2：作为审核员，你对审核了解多少？____。

? 问题引导 3：你认为审核员应该具备些什么品质？____。

学习目标

（1）能够说出审核的分类。

（2）能理解与审核相关的术语及其在案例中的具体分析。

（3）能够了解审核员应具备的原则，且在审核过程中时刻提醒自己坚守这些原则。

（4）能够识别审核阶段和活动的划分。

学习情境的相关知识点

知识点 1：审核相关术语

1. 审核（3.13.1）

> 为获得客观证据并对其进行客观的评价，以确定满足审核准则的程度所进行的系统的、独立的形成文件的过程。
>
> 注 1：内部审核有时称为第一方审核，由组织自己或以组织的名义进行，用于管理评审和其他内部目的，可作为组织自我合格声明的基础。可以由与正在被审核的活动无责任关系的人员进行，以证明其独立性。
>
> 注 2：通常外部审核包括第二方和第三方审核。第二方审核由组织的相关方，如顾客或由其他人员以相关方的名义进行。第三方审核由外部独立的审核组织进行，如提供合格认证、注册的组织或政府机构。

系统是指审核是一项正式的、有序的活动。如果是外部审核，须按组织与认证机构签署的合同进行，如果是内部审核，需要组织最高管理者的授权，无论是外部审核还是内部审核，都是有组织、有计划并按规定的程序进行的。

独立是指审核是一项客观的、公平和公正的活动，在审核过程中以审核准则为依据，尊重事实和证据，得到客观公正的结论，不能随意扩大或缩小这些事实和准则的范围。同时，审核员必须与审核活动没有直接的责任关系。

审核是一个形成文件的过程。审核的文件是相伴于审核活动而产生的。如审核的策划、准备、实施、评价等各阶段都会形成文件，如审核计划、检查表、抽样计划、审核记录、不符合项报告、审核报告等。

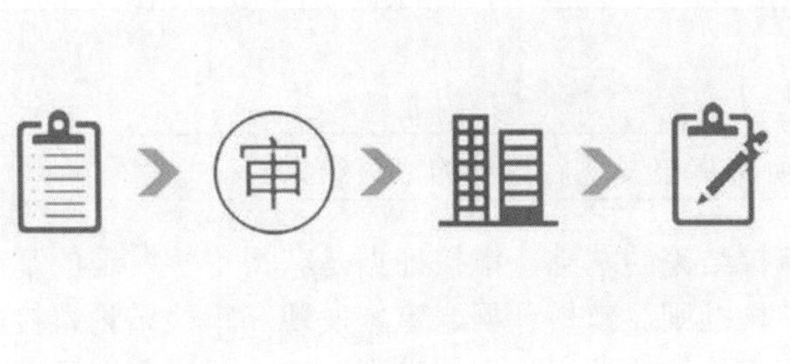

图 4-1　审核过程示意图片

2. 审核准则（3.7）

> 用于与客观证据进行比较的一组方针、程序或要求。
>
> 注 1：如果审核准则是法律要求（包括法定或监管），审核发现（3.10）中经常使用"合规"或"不合规"。
>
> 注 2：要求可能包括方针、程序、工作指示、法律要求、合同义务等。

审核准则是组织实施审核、判断审核证据符合性的依据。审核准则通常包括组织的质量方针、程序、标准、法律法规、管理体系要求、合同要求或行业规范等。审核准则应形成文件。

3. 审核证据（3.9）

> 与审核准则（3.7）有关的并且能够证实的记录、事实陈述或其他信息。

审核证据是能够证实的记录、事实陈述或其他信息。在审核过程中，可以通过交谈、查阅文件和记录、听取有关责任人员陈述、现场观察、实际测定等方法来获取所需的信息。

作为审核证据的信息必须真实、客观。即审核证据应该是确实发生过的真实事件的表征；在审核过程中，不要求也没有必要对获得的信息逐一证实，但一旦需要，这些信息应该能被证实，不能被证实的信息不能作为审核依据。

审核证据可以是定性的，如人员的质量观念，也可以是定量的，如温度、湿度、图纸张数、文件缺页等。审核证据与审核准则有关，如质量管理体系要求、质量手册、程序文件、质量记录等。

4. 审核发现（3.10）

> 将收集到的审核证据对照审核准则进行评价的结果。
>
> 注 1：审核发现能表明符合或不符合。

注 2：审核发现可导致识别改进的机会或记录良好实践。

注 3：在应用中，如果审核准则选自法律要求或法规要求，审核发现可被称为合规或不合规。

和通常意义上的“发现”不一样，这里的审核发现是已经进行评价得到的结果，评价结果可能应用符合审核准则，也可能不符合准则，这就要给出改进的机会。

5. **审核结论（3.11）**

考虑审核目标和所有审核发现后得到的审核结果。

审核发现是做出审核结论的基础，审核证据是获得审核发现的基础，审核准则是判断审核符合性的依据。审核准则、审核证据、审核发现和审核结论直接的关系是：按照质量管理体系标准、相关程序、法律法规等审核准则，通过现场审核活动收集客观真实的审核证据，进行分析比较，得出审核发现，经过审核组的讨论评审，在考虑审核目的并综合分析所有审核发现的基础上，得出审核结论。

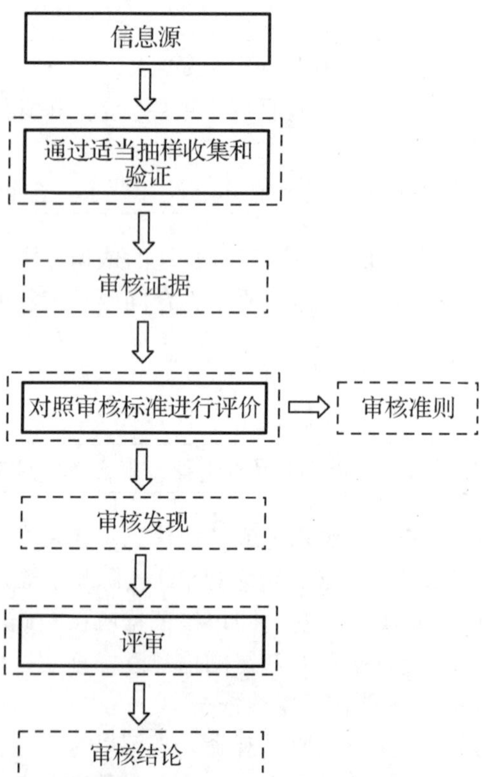

图 4-2 审核流程图

讨论 A 公司原料仓库主要存放易燃的化工原料，《库房保管制度》规定库房温度在夏季不得超过 40 摄氏度，审核员李工在仓库巡视时注意到墙上挂有一温度计，就上前查看，发现其显示温度为 32 摄氏度，就记录了下来。

现场评审结束后，审核组讨论认为 A 公司内的各种影响产品质量的环境因素（如上面的保管温度等）都控制得很好，就在审核报告中指出："工作环境保管得很好"。

以上审核准则、证据、发现、结论各是什么？

6. 审核委托方（3.12）、受审核方（3.13）

> 审核委托方：要求审核的组织或人员。
> 受审核方：被审核的组织。

审核委托方是提出审核要求的组织或人员。在外部审核中，审核委托方大部分情况下是受委托方自己，也可以是受审核方的上级部门、投资方、顾客等相关方，例如，某主管局委托认证机构对其下属几个工厂进行审核。在内部审核中，受审核方则是组织的最高管理者。受审核方可以是被审核的一个完整组织，也可以是组织的一部分，如某集团的下属公司。

讨论　A 集团公司与 X 审核中心签订合同，请其对下属子公司的质量管理体系依据 ISO 9001:2000 标准进行审核。

A 集团公司派员对其供应原料的 B 厂进行审核。

A 集团公司进行内部审核。

以上审核委托方、受审核方各是什么？

6. 审核方案（3.4）

> 针对特定时间所策划并具有特定目的的一组（一次或多次）审核。

审核方案包括策划、组织、实施审核所必须的所有活动。审核方案包括特定时间段内需要实施的具有特定目的的一组审核，特定时间段可以根据不同组织的不同特点和需要来确定，如一个组织的审核方案包括该组织一年内需要实施的多次内部审核，由于在特定时间段需要实施的审核可以有不同的目的，因此一个审核方案需要考虑这一组审核的总体目的。审核方案是策划的结果，策划时应考虑包括策划、组织、实施审核所需的所有活动，因此，审核方案应包括与审核有关的诸多活动及这些活动的安排，这些活动可以形成文件，也可以不形成文件，不能简单地将审核方案理解为一个文件。

7. 审核计划（3.6）

> 对审核活动和安排的描述。

审核计划描述的是一次具体审核活动的安排，是在审核方案基础上，由审核组长对某一次特定审核进行策划的结果，其内容的详略程度与具体的审核范围和审核复杂程度有关。因此，审核计划是审核方案的一项记录。审核计划与审核方案区别如表 4-1 所示。

表 4-1　审核计划与审核方案的区别

项　目	审 核 方 案	审 核 计 划
性质	针对特定时间段内一个组织的一组审核，可以有不同的目的，一个组织可制定一个或多个审核方案，可包括联合或结合审核	针对某次审核，有特定的目的，是审核方案的组成部分
责任人	最高管理者规定审核方案管理权限；审核方案管理者制定、实施、监视、评审、改进审核方案，识别、提供资源	对一次具体审核活动的安排

续表

项 目	审 核 方 案	审 核 计 划
内容	一次或多次审核，策划和组织审核所有活动，实施审核提供资源的所有活动；审核方案内容可以变化	一次审核的目的、范围、人员、活动等
范围	涉及认证范围在特定时间段内组织的全部：体系、产品和过程	可涉及部分体系、产品和过程

8. 审核范围（3.13.5）

审核的内容和界限。

注：审核的范围通常包括对实际位置、组织单元、活动过程及所覆盖时期的描述。

审核范围即审核所覆盖的对象。审核范围的大小与审核目的、受审核方的生产规模、性质、产品、活动和过程的特点等因素有关。

（1）实际位置是指企业地址、某施工单位的施工场所等。

（2）组织单元是指审核中涉及的部门、车间、科室、岗位等。

（3）活动过程是指质量管理体系所覆盖的活动及过程，如产品设计、制造、设备安装、检验、销售、售后服务等。

（4）所覆盖的时间是指体系运行的时间段，如某企业每年一次内审，其内审的覆盖时期至少一年。

如果组织申请第三方认证注册，审核范围应由审核委托人或受审核方与认证注册机构一起确定，并作为审核方案策划的基础。审核完成后，认证注册机构也将在签发的认证证书上予以说明；如果是组织接受顾客为商业目的对质量关联体系进行的第二方审核，则审核范围由顾客决定；如果组织实施管理体系的内部审核，其审核范围由组织的最高管理者确定。

知识点 2：审核分类

审核分类和各方审核区别如表 4-2 和表 4-3 所示。

表 4-2 审核分类

分类方式	类别	
按管理体系	质量管理体系审核	
	环境管理体系审核	
	职业健康安全关联体系审核	
	结合审核	
按实施主体	第一方审核（内审）	内部审核
	第二方审核（顾客审核）	外部审核
	第三方审核（机构审核）	
按审核覆盖面	部分审核	如监督审核
	全面审核	如首次认证审核

表4-3　第一方、第二方、第三方审核的区别

类型 项目	内部审核	外部审核	
	第一方审核	第二方审核	第三方审核
审核准则	1．组织 QMS 文件 2．合同要求 3．法律法规 4．标准	1．合同要求 2．标准 3．法律法规 4．供方 QMS 文件	1．标准和法律法规 2．受审核方 QMS 文件 3．合同要求
审核覆盖面	1．全面审核 2．部分审核	合同要求	1．注册认证或复审换证为全面审核； 2．监督审核、跟踪审核为部分审核
审核员	来自组织	顾客或其代表	独立的认证/注册机构
权利	表面上很小	依合同总值决定	表面上很大
建议	要提出	取决于顾客方针	一般不提出
审核时间	按策划的时间间隔和组织决定	双方商定	按 IAF 导则“62 应用指南”规定的人/天数

知识点 3：审核原则

审核的特征在于其遵循若干原则。这些原则有助于使审核成为支持管理方针和控制的有效与可靠的工具，并为组织提供可以改进其绩效的信息。遵循这些原则是得出相应和充分的审核结论的前提，也是审核员独立工作时，在相似情况下得出相似结论的前提。

第 5 章～第 7 章中给出的指南基于下列七项原则。

a）诚实正直：职业的基础。

审核员和审核方案管理员应：

——以诚实和负责任的精神和道德从事他们的工作；

——只在有能力的情况下从事审核活动；

——以不偏不倚的态度从事工作，即对待所有事务保持公正和无偏见；

——在审核时，对可能影响其判断的任何因素保持警觉。

b）公正表达：真实、准确地报告的义务。

审核发现、审核结论和审核报告应真实和准确地反映审核活动。应报告在审核过程中遇到的重大障碍及在审核组和受审核方之间没有解决的分歧意见。沟通必须真实、准确、客观、及时、清晰和完整。

c）职业素养：在审核中勤奋并具有判断力。

审核员应珍视他们所执行任务的重要性及审核委托方和其他相关方对他们的信任。在工作中具有职业素养的一个重要判断标准是能否在所有审核情况下做出合理的判断。

d）保密性：信息安全。

审核员应审慎使用和保护在审核过程中获得的信息。审核员或审核委托方不应为个人利益或损害受审核方合法利益以不适当的方式使用审核信息。这个概念包括正确处理敏

感、保密的信息。

e）独立性：审核公正性和审核结论客观性的基础。

审核员应独立于受审核的活动（只要可行时），并且在任何情况下都应不带偏见，没有利益上的冲突。对于内部审核，如可行，审核员应独立于被审核的职能。审核员在整个审核过程中应保持客观性，以确保审核发现和审核结论仅建立在审核证据的基础上。

对于小型组织，内审员也许不可能完全独立于被审核的活动，但应尽一切努力消除偏见和体现客观。

f）基于证据的方法：在一个系统的审核过程中，得出可信和可重现的审核结论的合理方法。

审核证据应是能够验证的。由于审核员是在有限的时间内并在有限的资源条件下进行的，因此审核证据是建立在可获得信息样本的基础上。应合理地进行抽样，因为这与审核结论的可信性密切相关。

g）基于风险的方法：一种考虑风险和机遇的审核方法。

基于风险的方法宜对审核的策划、实施和报告产生实质性影响，以确保审核关注于对审核委托方具有重要意义的事项，并实现审核方案目标。

学习任务 4-2 审核方案的建立及管理

扫一扫看微课视频：质量管理体系审核概述（下）

学习情境描述

审核是认证过程的核心内容，是一项对策划和实施都有严格要求的高密集度的技术工作。策划的审核方案应基于风险的考虑并系统、全面、具有逻辑、环环相扣、具有可追溯性、可连续监测、可持续稳定改进。

? 问题引导 1：审核方案是什么？____。

? 问题引导 2：审核方案应该怎么写？谁来写？____。

? 问题引导 3：审核方案应该如何进行管理？____。

学习目标

（1）能够说出审核方案的定义。

（2）能理解审核方案的管理流程。

（3）能够正确撰写审核方案。

学习情境的相关知识点

知识点 1：审核方案的定义

依据 GB/T 19011《质量和（或）环境管理体系审核指南》，审核方案的定义是："针对特定时间段所策划，并具有特定目的的一组（一次或多次）审核的安排"。例如，对管理体系认证而言，审核方案就是在认证机构与认证客户之间合同规定的时间周期内，为确定认证客户管理体系满足所选定的管理体系标准而进行的一组（一次或多次）审核。

建立审核方案为审核活动的实施提供一整套基于策划、实施、监督和改进的管理方法和手段，适用于对不同规模、不同类型和不同范围的组织的审核活动。审核方案的有效实施与审核方案管理者、审核员密切相关。实施审核的组织应建立审核方案，以保证审核过程的有效性。审核方案可以包括针对一个或多个管理体系标准的审核，可单独实施，也可结合实施。

知识点 2：审核方案的内容及分类

审核方案的范围与程度应基于受审核组织的规模和性质，以及受审核管理体系的性质、功能、复杂程度、风险和机遇的类型及成熟度水平。当重要功能在其他组织的领导下外包和管理时，管理系统的功能可能更加复杂，需要特别注意最重要决策的制定，以及管理系统最高管理层的构成，再根据组织运行的实际情况，周密地策划审核方案。这对整个审核目标的实现都非常重要。

1）审核方案的主要内容应包括：

（1）某时间段内（如一个认证周期）对特定组织的一组审核或具体某一次审核（如某时间段内扩大范围审核）的活动安排，通常包括 GB/T 19011—2021 标准第 6 章所述的活动；

（2）为保证审核的有效实施，资源提供方面的活动安排，主要包括人力资源、技术资源、时间资源、财务资源等。

2）审核方案分类：

（1）依据审核目的，可划分为第一阶段审核方案、第二阶段审核方案、监督审核方案、提前较短时间的审核（必要时）方案、再认证审核方案等；

（2）依据审核方式可划分为联合审核方案、结合审核方案等；

（3）依据认证客户的不同需求还可制订特定审核方案，如扩大认证范围审核方案。

通常情况下，认证机构可根据每个认证客户的规模、性质和复杂程度，策划一个认证周期的审核方案，也可针对某一次具体审核策划审核方案。

知识点 3：审核方案的管理

需要遵循 GB/T 19011 标准对审核方案实施管理，认证机构对审核方案的管理还需要同时遵循认可规范的若干要求。在认可规范要求中除 GB/T 19011 标准要求的管理活动外，还包括与审核方案管理有关的活动要求，如进行认证能力分析、认证合同评审等。

1）审核方案的管理就是对审核方案所涉及活动的策划、实施及监视评审和改进。具体包括以下基本内容：

（1）策划需要开展的活动、实施所规定的活动，监视、评审和改进活动实施的符合性和有效性；

（2）明确与上述活动有关的管理职责，建立并实施控制程序，配置所需的资源。

2）为理解受审核方的背景，审核方案应考虑受审核方的组织目标、相关的外部和内部问题、相关利益方的需求和期望、信息安全和保密要求。收集和评估受审核方经营环境信息，是希望审核方能全面了解受审核方的背景，利用多方面信息有效完成审核工作。

3）审核方案管理通常可涉及认证机构的合同评审人员、专业能力评价人员、审核组长及认证决定人员等。各级审核方案管理人员应确保审核方案的有效实施和持续改进。

4）审核方案的管理，需有效确保审核活动能够优先分配审核资源和方法给管理系统中具有较高风险和较低绩效水平的事项。

5）审核方案管理中的信息管理十分重要。信息应包括以下内容：有关审核目标的信息，审核的范围（范围、边界、地点），审核的日程安排（数量、持续时间、频次），审核类型（如内部或外部的审核、审核准则、审核方法、选择审核组成员的标准等）。以上信息均需形成适宜的文件并予以管理。

6）审核方案的实施应基于持续不断地监视和测量以确保达到其目标，应评审审核方案以识别改进需求和可能的改进机会。PDCA 循环是永恒的话题，审核方案需要不断改进完善以持续适应法规要求、客户需求、社会责任，保持公信力和有效性。

审核方案聚焦于效率、一致性和有效性的实现。审核过程的结果验证审核目标的实现。而审核目标实质上是对要求、约束或限制的遵守程度的证明，并能够实现推动组织的管理过程持续改进。对认证机构而言，审核方案管理是认证管理的重要部分，贯穿于认证活动的始终。为确保审核过程及评价结果满足要求，认证机构应针对每一个认证项目的认证活动进行全面策划，按照策划组织实施，根据实施结果加以改进。

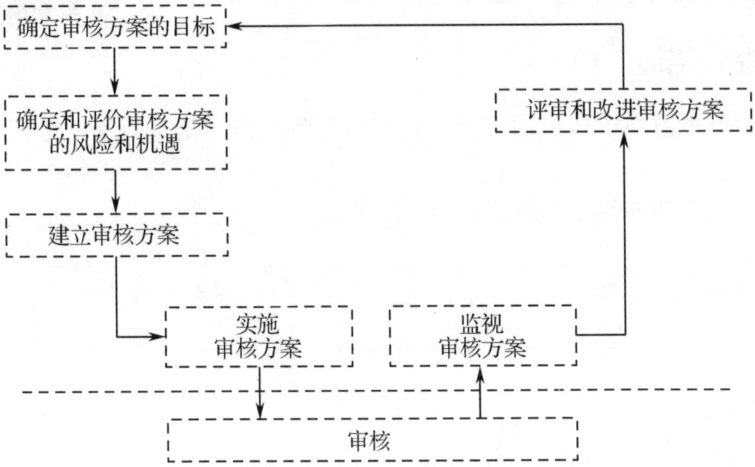

图 4-3　审核方案的管理流程

GB/T 19011 标准提供了关于审核方案管理和管理体系审核的策划与实施，以及审核员和审核组能力与评价的指南，适用于需要实施管理体系的内部审核、外部审核或需要管理审核方案的所有组织。标准中的审核方案为使用一致的审核方法服务多个管理体系奠定了良好的基础。

学习任务 4-3 现场审核启动

扫一扫看微课视频：审核启动及文件评审

学习情境描述

在进行任何审核前，审核组都需要进行审核准备工作，这是为保证审核工作顺利圆满进行。

？ 问题引导 1：审核组需要做哪些审核准备工作？____。

？ 问题引导 2：做审核准备时，审核组长和审核员分别需要做什么？____。

学习目标

（1）能够准确说出审核启动的相关工作。

（2）能说出文件审核的目的、要求。

（3）掌握审核计划制订的要点。

（4）掌握检查表制订的要点。

学习情境的相关知识点

知识点 1：审核启动

典型的审核活动大致流程如下。

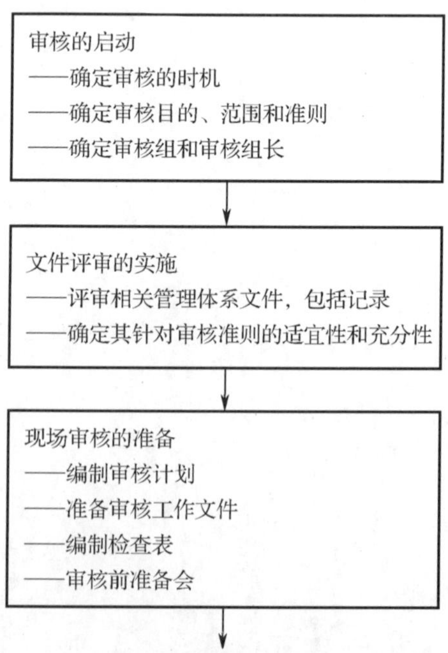

图 4-4 审核活动的流程

现场审核的实施
——举行首次会议
——现场审核（收集和验证信息）
——形成审核发现
——审核中的沟通
——准备审核结论
——举行末次会议

↓

审核报告编制、批准和发放
——审核报告的编制
——审核报告的批准和发放

↓

对纠正措施的跟踪验证
——评审纠正措施
——验证纠正措施

图 4-4　审核活动的流程（续）

（图中虚线表示审核后续活动，通常不视为审核的一部分。）

审核方案制订后审核活动就正式开始了。审核方案的管理人员应按照 ISO 19011:2021 标准及审核程序文件的相关要求确定审核资源，指定审核组长，组成审核组，确保能够满足审核的要求。一般情况下审核的启动包括以下活动。

1. 确定审核的具体时间

通常，根据审核文件要求确定具体时间，并在审核方案中得到体现。以内审为例，相邻两次审核时间不能超过 12 个月。

2. 确定审核的目的、范围、准则

每次审核均应依据审核方案的总目标，确定审核的目的、范围和准则，并形成文件。审核目的应由审核委托方规定，审核的范围和准则应当由审核委托方和审核组长共同确定。审核的目的通常是确定组织的质量管理体系的符合性和有效性。符合性是指体系是否符合策划的安排，是否符合 GB/T 19001:2016/ISO 9001:2015 标准的要求，是否能够达到组织所确定的体系要求；有效性是指体系是否能得到有效实施和保持。

审核范围和审核准则由审核组长根据审核方案要求确定。审核范围通常包括对组织实际位置、组织单元、活动和过程及体系所覆盖时期的描述。审核准则是用于确定受审核方质量管理体系符合性的依据，通常包括所适用的方针、程序、标准、法律法规、管理体系要求、合同要求或行业规范。

3. 指定审核组长，创建审核组

每一次具体的审核都是由审核组来实施的。审核组长是审核活动的管理人和负责人，在审核启动阶段，审核方案管理人员应根据组织的具体情况和特色，指定一名审核员担任审核组长。如是外部审核，一般由认证机构指定组长，如是组织内部审核，则一般由组织的最高管理者指定组长。

审核组长应当具备领导与管理审核的知识和技能，具有比较丰富的审核经验。审核组长对该次待定的审核项目负责，有权对审核活动的开展和现场审核做最后决定。

为使审核有效和高效地进行，审核组长应具备以下能力：

（1）对审核进行策划，并在审核中有效地利用资源；

（2）代表审核组与受审核部门进行沟通；

（3）组织和指导审核组成员；

（4）为审核员提供指导和指南；

（5）领导审核组得出审核结论；

（6）预防和解决冲突；

（7）完成审核任务。

针对一次特定审核，审核组长的职责包括：

（1）选择审核组成员；

（2）与受审核部门建立初步联系；

（3）根据审核方案程序确定审核范围和准则；

（4）负责文件评审，发现文件不充分时通知受审核方、审核方案管理人员及受审核部门；

（5）编制审核计划；

（6）审核任务分配；

（7）指导审核员编制检查表；

（8）主持审核中的各类会议；

（9）审核过程的控制；

（10）必要时向受审核部门、审核委托方通报审核进展及相关情况；

（11）沟通与协调（审核组内部、与受审核部门）；

（12）确定不符合项；

（13）组织审核组讨论，形成审核结论；

（14）编制审核报告，提交审核报告；

（15）组织审核后续管理活动，包括评审受审核部门纠正措施的有效性，对审核材料进行整理；

（16）协调和解决审核中的异常情况。

? 问题引导 1：审核小组分组一般遵循什么原则？________________________________

____。

4. 组建审核组

审核组的组成规模通常取决于受审核过程和产品的复杂程度、部门结构和规模等。审核组的选择应当确保审核组具备完成审核的能力，以及应保持审核组的独立性。一般需要考虑：

（1）审核目的、范围、准则及预计的审核时间；

（2）是否结合审核或联合审核；

（3）为达到审核目的，审核组所需的整体能力；

（4）适用时，法律法规、合同和认证或认可；
（5）确保审核组独立于受审核部门的活动并避免利益冲突；
（6）审核组成员与受审核部门的有效协作能力及审核组成员之间共同工作的能力。

为确保审核组的整体能力能适合于实现审核目标，应按以下步骤选择审核组：
（1）确定为达到审核目的审核组所需的知识和技能；
（2）选择审核组成员以确保审核组具备所必须的知识和技能。

审核组成员根据审核组长的安排开展相关工作、承担相应职责。
审核员职责如下：
（1）遵守审核员行为规则；
（2）评审与其承担工作有关的信息；
（3）准则必要的工作文件（如检查表和审核抽样计划）；
（4）按照工作计划，完成所负责的审核任务；
（5）收集审核证据，报告审核发现；
（6）参与审核组内部的讨论，以交换信息，评定审核进展情况；
（7）评审审核发现及在审核过程中所收集的其他适当信息，讨论审核结论；
（8）如果审核目的有规定，准备建议性意见；
（9）如果审核计划有规定，讨论审核后续活动；
（10）编制不符合项报告；
（11）向审核组长汇报审核中的情况；
（12）遵守并保持审核的保密要求；
（13）妥善保密涉及保密或产品知识产权及受审核方内部个人信息的工作文件；
（14）遵守有关场所的安全规则和安全程序；
（15）评审严重纠正措施的有效性；
（16）服从指挥，配合、支持审核组长完成审核工作。

审核方案管理人员或审核组长可非正式地或正式地与受审核方进行初步接触，目的是：
（1）建立沟通的渠道；
（2）提供预定计划和审核组成员的信息；
（3）提出有关文件评审要求；
（4）确定适宜的现场安全原则；
（5）对审核做出安排；
（6）协商陪同人员的需要，如观察员、审核组向导等。

知识点2：文件评审

现场审核前，应评审受审核方的文件是否符合审核准则对文件化体系的要求。文件可包括管理体系的相关文件和记录，适当时，也包括以前的审核报告。评审时应当考虑组织的规模、性质和复杂程度及审核准则、目的和范围。

文件评审一般由审核组长或审核组长指派审核员进行。当发现文件不充分时，审核组长应通知审核委托方、审核方案管理人员和受审核方。在所关注的问题解决前，不应继续耗费资源。

1. 文件评审的目的

评审质量管理体系文件与审核准则的符合性；了解对标准要求删减的合理性；了解受审核部门质量管理体系内容并进行评审，评审的重点是文件与准则的符合性、文件之间的协调性、文件覆盖面等。

现场评审前的文件评审。在现场审核中审核组成员还会进一步接触到大量其他文件（如质量计划、作业指导书、材料和产品的标准、相关的作业规范及记录等），审核员对接触到的文件应进行评审，评审的重点是文件的适宜性、与其他文件的协调性、文件的数量是否充分及文件本身的控制情况等。

2. 文件评审的要求

文件评审时应考虑本次审核的目的与范围，以及受审核部门的规模、性质、复杂程度，评价或了解质量管理体系文件是否具备系统性、逻辑性及连贯性。

（1）文件是否适合组织及部门的运作；

（2）确定对标准删减有无正当的理由；

（3）现行文件是否有效，是否符合文件控制及标准的要求；

（4）收集与审核有关的信息；

（5）了解受审核部门与质量管理体系及与审核有关的其他信息和情况，包括其机构设置、职责分配、过程活动、控制方法规定等；

（6）文件与有关法律法规、标准要求及其他审核准则的符合性；

（7）质量管理体系文件是否覆盖审核的范围；

（8）相关文件之间的接口和引用是否协调一致；

（9）文件是否经过具有规定权限人员的批准等。

3. 文件的数量和类型

（1）相关的质量管理体系文件是否包含：

① ISO 9001：2015 里所要求的文件信息；

② 组织确定的为确保质量管理体系有效运行所需的形成文件的信息。

（2）相关的管理体系记录包括内部审核报告、管理评审报告、以往的外审报告、不合格报告、纠正和预防措施及其验证报告等。

4. 文件评审的结论

一般来说，初次审核在质量管理体系文件基本符合审核准则、标准的要求后，才能进行现场审核。如果文件评审存在不符合标准的情况，需指出补充或修改的方向。对后者，要求受审核方在规定期限内完成修改补充，待再次提交审查确认后，才能进行后续的现场审核。评审流程如下图所示。

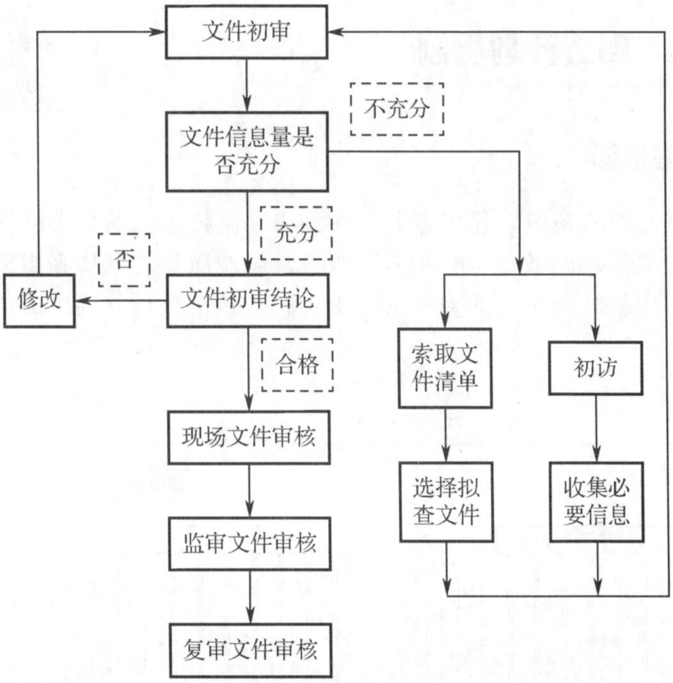

文件初审
文件信息量是否充分
不充分
充分
否
修改
文件初审结论
合格
现场文件审核
监审文件审核
复审文件审核
索取文件清单
选择拟查文件
初访
收集必要信息

图 4-5　文件评审流程

学习任务 4-4 审核计划编制

扫一扫看微课视频：审核计划及检查表（上）

学习情境描述

审核员王飞（高级审核员、化工专业）接到去某高校审核的任务，作为审核组长，王飞了解到该校的主要活动为教育教学和科研服务。学校质量管理体系组织机构图、职能分配表如下。在中国质量认证中心的委派下，王飞和其他审核员共同组成审核组对该校进行 ISO 9000 认证审核。

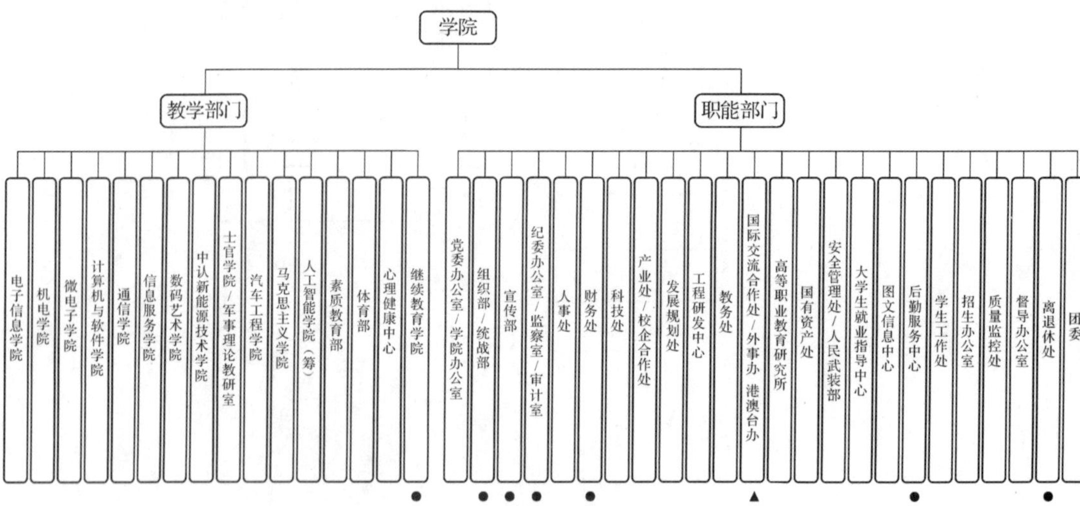

注：第三方审核不涉及带“▲”的部门；内部审核和第三方审核都不涉及带“●”的部门

图 4-6 质量管理体系组织结构图

学习目标

1）能够说出审核计划的重要组成部分及内容。

2）能独立说出审核计划的作用。

3）能够正确选择审核类型、审核目的，描述审核范围、审核准则。

4）能够识别审核组的合理分组及分工。

5）能够合理安排每组审核员的审核活动。

任务书

对二维码案例组织的职能分布进行分析，找出条款所对应的关键部门，按照审核计划的格式和要求，小组讨论，编制审核计划。审核计划典型样表如表 4-4 所示。

任务分组

表 4-4 审核计划典型样表——审核活动安排

班级		组号		指导老师	
组长		学号			
组员	姓名	学号	姓名	学号	
任务分工					

任务准备

（1）收集审核计划的样表，并进行审核计划模板比较，进行审核计划的空表绘制（见表 4-5）。

（2）按照上一章节的分组原则，进行审核组角色模拟分配。

（3）结合任务书识别审核计划编制的难点和常见问题。

任务实施

（1）审核小组分组

? 问题引导 1：审核小组分组一般遵循什么原则？____。

（2）审核计划内容

? 问题引导 2：审核计划一般由____________、____________、____________、____________、____________等部分构成。

? 问题引导 3：审核计划中的审核类型一般有哪些类型？____。

? 问题引导 4：审核类型所对应的审核目的有什么不同？____。

? 问题引导 5：审核计划中的审核范围一般包含以下几种：____。

小说明

审核计划的具体内容应与受审核方的规模和复杂程度相适应，涉及多审核场地时，还应包括抽样方案。初次审核和监督审核计划也会有所不同。此外，审核计划应具有一定的灵活性，以允许必要的更改和补充，如在现场审核实施过程中对审核重点的调整。对审核计划的较大调整和补充应通知审核委托方、审核方案管理人员并得到确认。

? 问题引导 6：审核计划中的审核准则怎么确定？____

表 4-5　审核计划典型样表内容节选

审核组长/日期：××× 2014-12-7　　　　审核项目管理人员/日期：

<table>
<tr><td colspan="5">客户名称：</td></tr>
<tr><td>审核类型</td><td colspan="4">❐一阶段 ❐初次认证二阶段 ❐再认证 Q ❐监督 ❐证书变更 ❐其他：
注：结合审核请在相应类型后添加认证领域代码（Q、E、S、F、H）</td></tr>
<tr><td>审核目的</td><td colspan="4">❐ 一阶段：评价客户基本情况和管理体系策划，确定第二阶段审核的可行性和重点；
❐ 初次认证：评价客户管理体系的实施情况，包括有效性，以确定是否推荐认证；
❐ 监督：评价客户管理体系的持续符合性和有效性，以确定是否推荐保持认证；
❐再认证：确认客户管理体系作为一个整体的持续符合性和有效性，以及与认证范围的持续相关性和适宜性，以确定是否推荐再认证；
❐ 证书变更：（由审核组长根据具体情况填写）❐ 其他：</td></tr>
<tr><td rowspan="3">审核范围</td><td colspan="4">涉及场所及地址：中国江苏省南京市××路×号</td></tr>
<tr><td colspan="4">涉及产品（服务）/活动：高等职业教育教学服务和科研服务</td></tr>
<tr><td colspan="4">涉及时期：自 2011 年 11 月至本次现场审核结束日</td></tr>
<tr><td>审核准则</td><td colspan="4">❐GB/T 19001—2008
❐客户管理体系文件　　　　❐适用法律法规
❐顾客特殊要求　　　　　　❐其他：</td></tr>
<tr><td>班次和班次时间</td><td colspan="4"></td></tr>
<tr><td colspan="3">审核日期：</td><td>专业代码</td><td></td></tr>
<tr><td>姓名</td><td>组内身份</td><td>组别</td><td>资格及注册编号</td><td>编号</td></tr>
<tr><td></td><td></td><td></td><td></td><td></td></tr>
</table>

小说明

在审核计划特别是第三方审核的审核计划表述时，一般会含有“注”，为了表明：

① 审核组成员应承诺将对有关受审核方的文件、资料及在审核过程中所获得的信息保密，未经受审核方书面许可，不会向第三方透露。受审核方若需了解这些人员的背景情况或对审核组组成有异议，可与审核组联系，审核组将提供相关信息或对审核组进行调整（若 3 个工作日内审核方没有提出异议，审核组将认为审核方接受该审核组）。

② 审核方对审核过程中如有申诉、投诉或争议，可与审核组联系，也可与审核机构直接联系，并留下审核方联系电话和邮箱。

③ 必要时，审核组长在征得受审核方同意后，可调整审核计划。

（3）审核活动安排

? 问题引导 7：审核活动安排应如何合理分配审核时间和资源？____。

? 问题引导 8：怎么确保审核的顺序合理？____。

审核计划表如表 4-6 所示。

表 4-6　审核计划典型样表——审核活动安排

日期/时间	组　　别	拟审核的过程或活动及相关的标准条款	涉及的部门

小说明

审核计划是现场审核实施的安排，在现场审核中，审核组原则上应按照计划进行，受审核部门应按照审核计划进行准备。但是在现场审核过程中，遇到不得不对审核计划进行调整的情况时，应征得有关各方的同意后再进行调整。

扫一扫看文档：MSF11-11 审核计划示例

评价反馈

学生进行自评，评价自己是否完成审核计划的识读，能否完成审核计划的编制，内容是否完成，审核范围、审核准则选择是否正确，审核活动安排是否合理、规范，有无遗漏。老师对学生评价的内容包括审核计划格式是否规范，计划内容阐述是否详细、完整、合理，任务完成过程学生是否积极参与小组活动、是否具有良好的工作态度。

（1）学生自我评价，并将结果填入表4-7。

表4-7 学生自评表

班级：	姓名：		学号：
学习情境4	审核计划编制		
评价项目	评价标准	分值	得分
审核组组建	能保证审核组组建中分组合理，每组都有专业审核员或技术专家，技术专家、实习审核员无单独成组	10	
审核类型	是否正确选择审核类型，并能描述出审核类型之间的差距	10	
审核目的	能否与审核类型相匹配，能否描述出各个审核类型所对应的审核目的	10	
审核范围	审核范围包括时期、地址、活动三大范围，表述是否完整	10	
审核准则	了解审核准则与审核类型的区别，并能合理选择	10	
审核活动安排	审核活动覆盖所有条款，人员安排合理、紧凑，活动表述清楚，并能精确对应到条款	20	
任务态度	态度端正，无缺勤、迟到、早退现象	5	
任务质量	能按时按计划完成工作任务	10	
协调能力	与小组成员、同学之间能合作交流、协调工作	5	
职业素养	具备审核员独立思考、严谨认真、爱护公共设施等应具备的素养	5	
创新意识	在任务完成过程中，具有良好的学习习惯，思维活跃，提出很有建设性的建议。	5	
总分		100	

（2）学生以小组为单位，对上述学习情境的过程和结果进行互评，将互评结果填入表4-8学生互评表中。

表4-8　学生互评表

学习情境4	审核计划编制														
评分项目	分　值	等　级								评价对象（组别）					
										1	2	3	4	5	6
计划合理	8	优	8	良	7	中	6	差	4						
方案准确	8	优	8	良	7	中	6	差	4						
团队合作	8	优	8	良	7	中	6	差	4						
组织有序	8	优	8	良	7	中	6	差	4						
任务质量	8	优	8	良	7	中	6	差	4						
任务效率	8	优	8	良	7	中	6	差	4						
任务完整	10	优	8	良	7	中	6	差	4						
任务规范	16	优	8	良	7	中	6	差	4						
报告合理	16	优	8	良	7	中	6	差	4						
报告展示	10	优	8	良	7	中	6	差	4						
合　计	100														

（3）教师对学生工作过程与工作结果进行评价，并将评价结果填入表 4-9 教师综合评价表中。

表 4-9　教师综合评价表

班级：		姓名：			学号：
学习情境 4		审核计划编制			
评价项目		评价标准		分值	得分
考勤（10%）		无迟到、早退、旷课现象		10	
任务过程（60%）	审核组组建	能保证审核组分组合理，每组都有专业审核员或技术专家，技术专家、实习审核员无单独成组		5	
	审核类型	是否正确选择审核类型，并能描述出审核类型之间的差距		5	
	审核目的	能否与审核类型相匹配，能否描述出各个审核类型所对应的审核目的		5	
	审核范围	审核范围包括时期、地址、活动三大范围，表述是否完整		5	
	审核准则	了解审核准则与审核类型的区别，并能合理选择		5	
	审核活动安排	审核活动覆盖所有条款，人员安排合理、紧凑，活动表述清楚，并能精确对应到条款		10	
	工作态度	态度端正，无缺勤、迟到、早退现象		5	
	任务质量	能按时按计划完成工作任务		5	
	协调能力	与小组成员、同学之间能合作交流、协调工作		5	
	职业素养	具备审核员独立思考、严谨认真、爱护公共设施等应具备的素养		5	
	创新意识	在任务完成过程中，具有良好的学习习惯，思维活跃，提出很有建设性的建议		5	
项目成果（30%）	任务完整	能按时完成任务		5	
	任务规范	按规范要求完成审核计划框架		5	
	报告合理	审核计划整体合理、美观		10	
	报告展示	能正确表达审核计划内容，汇报任务成果		10	
合计				100	
综合评价		自评（20%）	小组互评（30%）	教师评价（50%）	综合得分

拓展思考题

（1）审核计划编制需要注意哪些问题？

（2）审核计划的编制人、审核人、交付人分别是谁？

（3）如何保证审核活动安排的合理性？

学习情境的相关知识点

知识点 1：审核计划的内容

审核计划是对一次审核活动和安排的描述，是审核员实施审核活动的日常安排和指导性文件，也可为受审核部门做好迎接审核的安排带来便利。现场审核计划是现场审核策划的结果，由审核组长编制，由审核方案管理人员批准，审核计划应征得审核委托方或受审核方的同意；如是内部审核，则由管理者代表或最高管理者批准后执行。一般审核组长应在现场审核前 10 天通知受审核方，如有异议，也可协商调整。

现场审核计划是指导内部审核或外部审核工作的重要依据，具体确定了现场审核的人员安排、日程安排和审核路线的文件，为审核组、受审核方和审核委托方提供了现场审核的详细信息，并考虑了如何满足组织的保密要求。

审核计划的内容可包括：

（1）审核目的；

（2）审核准则和引用文件，即本次审核所依据的标准：质量管理体系文件、法律法规、合同等；

（3）审核范围，包括确定受审核的组织单元和职能单元、产品、活动、地址等；

（4）进行现场审核活动的日期和地点；

（5）现场审核活动预期的时间和期限；

（6）审核组成员的作用和职责；

（7）为审核的关键区域配置适当的资源。

审核计划的具体内容应与受审核方的规模和复杂程度相适应，涉及多审核场地时，还应包括抽样方案。初次审核和监督审核计划也会有所不同。此外，审核计划应具有一定的灵活性，以允许必要的更改和补充，如在现场审核实施过程中对审核重点的调整。对审核计划的较大调整和补充应通知审核委托方、审核方案管理人员，并得到确认。审核计划与审核方案的区别如表 4-10 所示。

表 4-10　审核计划与审核方案的区别

	审核计划	审核方案
定义	对审核活动和安排的描述	针对特定时间段所策划并具有特定目标的一组（一次或多次）审核安排
审核目标	审核活动的具体目标，是审核方案目标的一部分	一项审核方案可涉及多次审核活动，审核的目标随审核活动目标的变化而变化
内容范围	具体审核的活动和安排	特定时间段内具有特定目的的一组审核（包括策划、组织和实施审核所必要的所有活动），审核方案，包括对审核计划的制定和实施的管理，还包括为实施一次具体审核提供资源所必要的所有活动和安排
性质	文件	一组具有共同特点的审核及其相关活动的集合
编制/建立者	审核组长	由审核方案的管理人员建立
关系	计划的编制、批准、实施应符合方案的规定	方案包括对计划的制订与实施的相关要求

知识点2：审核活动分配

由于现场审核要在规定时间内完成，所以要合理安排对部门、过程审核的时间，以便使审核组对整个质量管理体系的实施情况和有效性、充分性、符合性有全面的了解，从而做出正确的结论。应关注的是：

1）合理分配审核整体时间和资源。

（1）考虑现场审核整体时间；

（2）考虑审核人员的分工和搭配（并非不允许内审员审核其所在部门）；

2）合理安排审核的顺序，一般有按标准条款、按部门职责、按过程方法审核三种方式。

3）合理安排审核内容

（1）完整、准确识别受审核部门/过程的职责和要求；

（2）与审核范围有关的主要职责和活动不可漏掉；

（3）与审核范围有关的相关职责和活动，在受审部门外查不到的内容不能漏掉。

学习任务 4–5　检查表编制

扫一扫看微课视频：审核计划及检查表（下）

学习情境描述

某化工厂实习审核员赵乐接到内部审核的任务，他负责的部门分别是销售部、采购部和行政部。作为新手审核员，赵乐为了缓解自己的紧张情绪，也为了更好地把控审核过程，决定在每次审核前编制检查表。

学习目标

（1）能独立说出检查表的作用。

（2）能够掌握检查表编制的依据。

（3）能够正确掌握各类检查表的编制方法。

（4）能够合理安排自己的审核活动。

任务书

任务 1：本次任务是去行政部审核，为考虑审核的全面覆盖，按条款进行审核，请按照检查表的格式和要求，选择条款，小组讨论，编制检查表。

任务 2：本次任务是去销售部审核，了解销售部的工作范围，编写检查表，注意按部门编写检查表的格式和要求，小组合作完成。

任务 3：本次任务主要是审核该公司的采购工作，请了解采购工作涉及的各部门工作分工，审核检查表活动安排如表 4-11 所示。按过程编写检查表，注意按过程编写检查表的要点和接口问题。

任务分组

表 4-11　审核检查表活动安排

<table>
<tr><td>班级</td><td colspan="2"></td><td colspan="2">组号</td><td></td><td>指导老师</td><td></td></tr>
<tr><td>组长</td><td colspan="2"></td><td colspan="2">学号</td><td colspan="3"></td></tr>
<tr><td rowspan="4">组员</td><td colspan="2">姓名</td><td colspan="2">学号</td><td>姓名</td><td colspan="2">学号</td></tr>
<tr><td colspan="2"></td><td colspan="2"></td><td></td><td colspan="2"></td></tr>
<tr><td colspan="2"></td><td colspan="2"></td><td></td><td colspan="2"></td></tr>
<tr><td colspan="2"></td><td colspan="2"></td><td></td><td colspan="2"></td></tr>
<tr><td>任务分工</td><td colspan="7"></td></tr>
</table>

任务准备

（1）收集检查表的样表，并进行检查表模板比较。

（2）按照上一章节的分组原则，进行审核组角色模拟分配。

（3）结合任务书识别检查表编制的难点和常见问题。

任务实施

? 问题引导 1：检查表一般有哪些类型？＿＿＿＿＿＿＿＿＿＿＿＿＿＿＿＿＿＿

＿＿

? 问题引导 2：检查表安排时应注意哪些要点？＿＿＿＿＿＿＿＿＿＿＿＿＿＿＿

＿＿

小说明

检查表是审核员使用的一种工具，可帮助审核员指明审核的重点、方向、路径，把要提的问题事先想出来，用于对审核员实施审核时进行提示。以保证审核工作的连续性，作为审核记录供审核员今后参考，并可减轻审核过程中审核员的精神压力。因此，应根据审核的目的、要求、审核准则、受审核方和审核活动的特点，有针对性地编写检查表。

? 问题引导 6：审核计划中的审核准则如何确定？＿＿＿＿＿＿＿＿＿＿＿＿＿＿

＿＿

按条款编制的检查表、按部分编写的检查表和按过程编写的检查表如表 4-12、表 4-13 和表 4-14 所示。

表 4-12 按条款编制检查表

涉及条款	审核员	审核时间	陪同人员
		年 月 日	

序 号	审 核 内 容	审 核 结 果
1		
2		
3		
4		
5		
6		
7		
8		
9		
10		

表4-13　按部门编写的检查表

受审核部门：

受审核部门		审核员		审核组长	
审核地点		陪同人员		审核人员	
检查内容			标准条款	检查方法	审核记录

表 4-14　按过程编写的检查表

受审核部门：

受审核部门		审核员		审核组长	
审核地点		陪同人员		审核人员	

检 查 内 容	标 准 条 款	涉 及 部 门	审 核 记 录

评价反馈

学生进行自评，评价自己是否完成检查表的识读，能否完成检查表的编制，审核内容是否完成，审核活动安排是否合理、规范，有无遗漏。老师对学生评价的内容包括审核计划格式是否规范，计划内容阐述是否详细、完整、合理，任务完成过程学生是否积极参与小组活动、是否具有良好的工作态度。

1）学生自我评价，并将结果填入表 4-15。

表 4-15 学生自评表

班级：	姓名：		学号：
学习情境 4	检查表编制		
评价项目	评价标准	分值	得分
检查表类型	是否正确了解各个类型检查表的区别	10	
类型选择	能否根据审核要求正确选择审核类型	20	
审核分配	审核活动安排是否合理能否审核完整	30	
审核条款	审核内容与条款的匹配是否正确	10	
任务态度	态度端正，无缺勤、迟到、早退现象	5	
任务质量	能按时、按计划完成工作任务	10	
协调能力	与小组成员、同学之间能合作交流、协调工作	5	
职业素养	具备审核员独立思考、严谨认真、爱护公共设施等应具备的素养	5	
创新意识	在任务完成过程中，具有良好的学习习惯，思维活跃，提出很有建设性的建议	5	
总分		100	

2）学生以小组为单位，对上述学习情境的过程和结果进行互评，将互评结果填入表 4-16 学生互评表中。

表 4-16　学生互评表

学习情境 4	检查表编制														
评分项目	分　值	等　级								评价对象（组别）					
										1	2	3	4	5	6
安排合理	8	优	8	良	7	中	6	差	4						
方案准确	8	优	8	良	7	中	6	差	4						
团队合作	8	优	8	良	7	中	6	差	4						
组织有序	8	优	8	良	7	中	6	差	4						
任务质量	8	优	8	良	7	中	6	差	4						
任务效率	8	优	8	良	7	中	6	差	4						
任务完整	10	优	8	良	7	中	6	差	4						
任务规范	16	优	8	良	7	中	6	差	4						
报告合理	16	优	8	良	7	中	6	差	4						
报告展示	10	优	8	良	7	中	6	差	4						
合　计	100														

4）教师对学生工作过程与工作结果进行评价，并将评价结果填入表 4-17 教师综合评价表中。

表 4-17　教师综合评价表

班级：		姓名：		学号：
学习情境 4		检查表编制		
评价项目		评价标准	分值	得分
考勤（10%）		无迟到、早退、旷课现象	10	
任务过程（60%）	检查表类型	能正确了解按过程、按活动、按部门编制检查表的区别	10	
	类型选择	根据审核目的要求正确选择审核类型，如审核计划中审核员安排的审核任务是部门、条款还是活动	10	
	审核分配	审核活动安排是否合理，时间上的安排、内容上的安排、方法的安排，是否能保证审核的完整	10	
	审核条款	审核内容与条款的匹配是否正确	10	
	工作态度	态度端正，无缺勤、迟到、早退现象	5	
	任务质量	能按时按计划完成工作任务	5	
	协调能力	与小组成员、同学之间能合作交流、协调工作	5	
	职业素养	具备审核员独立思考、严谨认真、爱护公共设施等应具备的素养	5	
	创新意识	在任务完成过程中，具有良好的学习习惯，思维活跃，提出很有建设性的建议	5	
项目成果（30%）	任务完整	能按时完成任务	5	
	任务规范	按规范要求完成检查表框架	5	
	报告合理	检查表整体合理、美观	10	
	报告展示	能正确表达检查表内容，汇报任务成果	10	
合　计			100	
综合评价	自评（20%）	小组互评（30%）	教师评价（50%）	综合得分

拓展思考题

（1）检查表编制需要注意哪些问题？
（2）检查表的编制人是谁？
（3）检查表和审核计划的区别是什么？

学习情境的相关知识点

知识点 1：检查表的作用

保证审核过程始终围绕审核目的；保证审核路线的清晰、合理、有效；保证审核的深入和完整；保持审核的节奏和连续性；审核时间的合理分配；避免审核员的偏见和随意性；减轻审核员的压力和负担；为圆满完成审核计划做好准备。

知识点 2：检查表编制的依据

审核的目的、范围；审核计划的安排；所依据的标准、规定；相关法律法规要求；相关治理管理体系文件规定；产品、过程的特点，特别是产品的重要特性和关键的过程；需要核实的已申明删减的标准要求。

知识点 3：检查表的分类和编制

检查表的编制一般有按标准条款、按部门职责、按过程方法审核三种方式。

1．按标准条款要求编制检查表

依据标准某一条款要求，逐一编写调查提纲或检查表，这种检查表的好处是考虑全面、不会遗漏检查内容，但不足之处在于：对同一要求的审核会涉及多个部门，对多个不同要求的审核会造成一个部门多次接受审核，审核员也会因此反复、多次到同一个部门调查。

案例 1：按标准条款要求编制的检查表示例，如表 4-18 所示。

表 4-18　按条款编写的检查表

按标准条款 7.5 编制的检查表			
依据 GB/T 19001—2015/ISO 9001:2015　7.5 形成文件的信息		审核员	
陪同：		审核时间：	年　月　日
	审 核 内 容		审 核 结 果
1	组织对文件控制是否建立了形成文件的程序		
2	是否按标准要求对质量管理体系所要求的文件（包括外来文件）都进行了控制		
3	文件控制的现状是否符合文件控制程序的规定要求		
4	本标准中提到的需要形成文件的信息是否都建立了		
5	文件发布前是否已经审批其适宜性和充分性		
6	在什么情况下对文件进行评审与更新，更新后是否经过重新审批		
7	文件的现行版本状态是否加以标识		

续表

	审核内容	审核结果
8	在使用现场，能否得到适用的相关版本	
9	质量文件和记录是否字迹清晰、易于识别和检索	
10	外来文件是否已防止其非预期使用	
11	作废文件是否已防止其非预期使用	
12	保留的作废文件是否已加以标识	
13	规定作为记录的文件是否已受控	

2. 按部门编制检查表

按部门编写的检查表，是根据受审核方设立的部门按照审核目的和准则，针对受审核部门的职责、活动、结果及其有效性所做的审核策划。此种方法的好处在于一次就可以完成对一个部门的审核，各部门负责的主要过程都能覆盖到，审核有广度，但由于一个完整的过程由若干个部门配合完成，因此在一个部门的审核只能得到所审核的部分信息，如不注意部门之间的接口，或审核员之间没有良好的沟通，就可能造成审核的不完整，缺乏深度。

案例 2：某销售部门按部门编写的检查表示例，如表 4-19 所示。

表 4-19　按部门编写的检查表

受审核部门：

受审核部门		审核员		审核组长	
审核地点		陪同人员		审核人员	
检查内容			标准条款	检查方法	审核记录
销售部主要职责和分工情况及对人员的能力要求，活动范围、产品防护、交付、售后服务、顾客满意度测量、外包控制等活动			5.3	1. 向部门负责人了解部门职责和分工情况及对人员的能力要求，请其提供有关的规定 2. 充分了解部门活动内容、顺序、相关文件	
销售部门的人员是否具备相应的能力、意识，并经过相关培训			7.1.2 7.2	1. 询问 2～3 名销售人员是否知道其岗位职责及其重要性和相关性，了解他们该如何履行其职责完成岗位的工作 2. 抽查此 2～3 名售后服务人员的能力（教育、培训、技能、经验）证明记录	

续表

检查内容	标准条款	检查方法	审核记录
1．与产品有关要求的确定与评审情况。 2．对产品要求发生变更时的控制情况。 3．与顾客进行沟通的实施情况	8.2	1．请销售部提供自质量体系运行以来与顾客签订的所有合同，从中抽取 4～7 份，检查其内容是否符合 7.2.1 的要求。 2．请销售部提供 4～7 份合同的评审记录，检查是否在合同签订之前进行了评审，评审内容是否符合 7.2.2 的要求，评审结果是否适宜，是否有由评审引起的措施记录。 3．从此 4～7 份合同中抽到已过期的合同，请销售部提供这些合同的交货证明，检查其履约能力。 4．询问部门负责人如何对顾客的口头要求进行确认？请部门负责人提供所有的口头合同记录，从中抽取 3～5 份口头合同，检查合同内容及其确认记录。 5．询问部门负责人当产品要求发生变更时如何进行控制？自体系运行以来是否发生过合同或订单，抽查 3～5 份调查是否对变更要求进行评审的记录，是否针对变更要求对有关文件进行修订，是否向有关人员传递变更信息，是否有由于合同或订单要求的变更而造成的违约行为。 6．向销售部负责人了解在签约、执行变更合同过程中与顾客如何进行沟通和洽商，对顾客的投诉和抱怨如何进行处理。 7．请销售部提供与顾客沟通时的所有记录（包括对顾客的投诉或抱怨的处理记录），抽查 3～5 份对顾客反馈信息和投诉或抱怨的处理情况及其结果	
1．交付及交付后活动的控制情况。 2．对交付或使用后出现的不合格品的控制情况	8.5.5 8.6 8.7	1．针对已抽合同中顾客提出的有关交付或售后服务要求，检查相应的交付记录和售后服务记录，看是否满足合同的要求。 2．针对顾客反馈的不合格品的信息，请销售部提供相应的处置记录，看是否采取了适宜的控制措施	

续表

检查内容	标准条款	检查方法	审核记录
1．顾客满意的监视和测量的实施情况。 2．对顾客满意信息及顾客其他反馈信息的分析情况。 3．针对分析结果采取改进措施的情况	9.1.2 9.1.3 10.2	1．向部门负责人了解对顾客满意进行监视和测量的方法，并请其提供上半年获取的信息。 2．向部门负责人了解顾客满意及顾客其他反馈信息进行分析的方法，并请其提供这些信息的分析结果，看是否根据分析结果提出重点需要改进的方向。 3．请销售部提供针对需要改进的活动采取纠正或纠正措施的实施记录及其结果，检查实施过程是否符合程序文件的规定	
对顾客财产的控制情况	8.5.3	1．向部门负责人了解公司控制或使用，对顾客财产的控制情况。 2．抽查销售部负责管理的顾客财产的验证记录 3～5 份，了解其使用情况，看是否发生丢失、损坏或不适用情况，如有，请销售部提供向顾客报告的记录。 3．到储存顾客财产的场地，查看是否有适当标识，是否按照要求对顾客财产采取了适当的保护和维修措施	

3. 按过程编制检查表

按过程编制检查表时，应尽可能体现其过程方法。依过程的顺序，选择顺流或逆流的审核途径，策划手机审核证据的办法。鼓励采取 PDCA 方法，依照：目标—策划—实施—测量与监视—改进的过程方法编制检查表。

按照过程编制检查表的好处是对每一个过程均可以进行完整的审核，有利于调查每个过程策划、实施、检查、处置的全部情况，对过程的实施及其有效性可做出准确的评价，有助于最终完善对质量管理体系的评价，但其不足类似于标准条款编写的检查表。

案例 3 按过程编写的检查表示例，如表 4-20 所示。

表 4-20 按过程编写的检查表

审核过程：进货检验

检 查 内 容	标 准 条 款	审 核 记 录
（a）职责分工：分工是否明确、责任是否清楚、任务是否具体、权限是否已规定？ （b）部门领导和检验人员的权限能否保证其职责履行不受干扰？ （c）哪些部门接收信息、需要向哪些部门报告信息？ （d）有关进货检验的质量目标是什么？如何开展相关员工或相关活动可测量的、可评价的具体指标和工作任务？ （e）对本公司的方针、目标是否了解？能否正确理解并执行？员工能否意识到自己工作对整体质量和下一步工序的影响？抽查 2～3 名员工询问。		

续表

检查内容	标准条款	审核记录
(f) 质量目标的实施和实现情况如何？抽查 2～3 项目标调查其策划、实施和监控情况。 (g) 抽查 3～5 种进货产品，了解： (1) 进货检验要求是否已形成文件或做出规定？ (2) 查阅进货检验规程或检验规定，是否明确了抽样、检验项目、判定准则等，是否有合格供方名单？对非合格供方的采购如何进行检验控制？ (3) 现场查看进货产品的检验，查看验货标识情况，不合格品的隔离情况。 (4) 对每种进货产品，抽查 3～5 份检测记录以核查：产品名称、规格、型号、数量、批次、检验依据、抽样数量、检验项目、技术要求、实际检测量、检验日期、检验结论、检验人签名、审核人签字等。 (5) 对不合格如何处理、标识等。返工返修后是否重新验证？ 如何对进货检测过程进行监视和测量？如何对检验人员的工作进行检查与评价？方法是否能够证实该过程实现策划结果的能力？经检验的原辅材料在后续的加工、组装、交付后是否出现过批量不合格、退货或投诉的情况？是否出现过因进货检验工作的问题而造成延误生产、影响交货、误用等异常情况？ (6) 出现异常情况后，是否及时采取纠正、预防措施或改进，效果如何		

4. 检查表编制过程的注意事项

（1）检查表的编制是在审核员未到审核现场，未详细了解受审核部门的过程、运作方法、控制要求及过程运行状态下的情况下编写的。在现场审核过程中，应灵活运用检查表，既要按照检查表内容不随意偏离；又要注意不能用照本宣科、生搬硬套、你问我答的方式进行检查。

（2）根据现场审核的实际情况，可以对检查表的内容进行适宜的调整和补充，不局限于原范围，但不影响审核的完整性。如遇到不合格或有价值的线索，虽原表中无此内容，但可追加检查。

（3）对有经验的审核员，检查表编制时可以简略些，对于经验不足的审核员或新的审核领域，检查表应尽可能详细些，以帮助审核员审核。

学习情境5

现场审核的实施

教	本章节重点	1. 不符合项编写。 2. 现场审核流程
	本章节难点	审核沟通的技巧
	建议教授方法	通过让学生模拟审核员角色，观察学生在审核沟通中的问题，引导学生掌握审核技巧，学会审核沟通。教师讲授审核发现的内涵，鼓励学生撰写不符合项报告
	建议学时	6学时
学	推荐学习方法	1. 通过角色模拟，掌握审核沟通的要点。 2. 通过小组任务，完成不符合项报告的撰写，了解审核发现的含义
	学习目标	1. 掌握不符合项报告的编制要点。 2. 掌握审核沟通技巧

扫一扫看本学习情景电子教学课件

学习任务 5-1 首次会议

扫一扫看微课视频：首末次会议

学习情境描述

经过前期的审核准备，现在我们要正式开始审核了，审核的首项事宜是召开首次会议。作为审核员或受审核方，都应该了解首次会议的流程及内容，熟悉首次会议需要留存的形成文件的信息。

? 问题引导 1：首次会议哪些人要参加？____。

? 问题引导 2：首次会议主要谁发言？说些什么？____。

? 问题引导 3：首次会议应该留存些什么文件？____。

学习目标

（1）能够说出首次会议的参加人员。

（2）能够说出首次会议的召开流程和主要内容。

（3）能够说出首次会议需要留存的文件。

学习情境的相关知识点

知识点 1：首次会议

在审核组进入受审核方现场、按审核计划开始审核前，由审核组长召开首次会议，对即将进行的现场审核进行整体的布置和安排。

图 5-1 首次会议示例

1. 首次会议的目的

（1）确认审核计划。

（2）简要介绍审核活动如何实施。

（3）确认沟通渠道。

（4）向受审核方提供询问的机会。

2. 首次会议的程序和内容

首次会议由审核组长主持，参加会议的有审核组成员、受审核方的最高管理者、部门负责人和陪同人员、内审员等。全体与会者依次在首次会议签到表签到。签到表和会议记录应保存作为证据。首次会议时间一般控制在 30 分钟之内，会议的主要程序和内容大致如下：

（1）审核组长宣布会议开始，介绍审核组成员和所负责的审核部门和体系认证过程，必要时介绍资格。

（2）受审核方代表介绍受审核方与会人员。

（3）受审核方最高管理者简单讲话，欢迎审核组进场检查，并要求组织内各单位配合审核组工作。

（4）审核组长宣布本次审核活动的审核目的、审核范围、审核准则和审核计划日程安排，包括末次会议的日期和时间，并由审核方和受审核方双方共同确认。

（5）审核组长介绍审核的程序和方法，包括审核抽样的原则、常用的方式方法、审核中双方的沟通方式、审核组内部会议、不符合项确认等。使与会人员对审核全过程有基本了解。

（6）审核组长应说明由于审核证据只是基于可获得信息的样本，因此，在审核中存在不确定因素；确认在审核中将及时向受审核方通报审核进展情况；同时还应做出保密的承诺。

（7）确定每个审核小组或每个审核员的陪同人员，作为向导、见证和联系人的安排，建立审核组和受审核方之间的正式沟通渠道。

（8）确认审核期间的工作、交通、休息场所等所需的资源。

（9）确认审核末次会议的时间。

（10）审核组长致谢，宣布首次会议结束。

对于一些中小型企业的内部审核，首次会议的内容和程序可相对简单一些，如陪同人员、受审核方与会人员的介绍等可以免去。

学习任务 5-2　现场审核方式

扫一扫看微课视频：审核技巧

学习情境描述

现场审核是抽样调查活动，需要公正、客观地利用正当、有效的方法去寻找审核证据，形成审核发现，做出客观、准确的评价。收集信息讲究方式方法，只有正确的方法才能快速地、高效率地从信息源中找到想要的审核证据。

? 问题引导 1：信息源是什么？____

____。

? 问题引导 2：如何从信息源中提取到有用信息？________________________________

____。

? 问题引导 3：审核过程中有哪些必要的沟通？__________________________________

____。

学习目标

（1）能够说出审核的常用方式。

（2）能够掌握审核的几种常用方式，并在审核活动中正确选择。

学习情境的相关知识点

知识点 1：现场审核方式

审核员对现场审核策略的有效运用是实现一次成功审核的关键之一。审核策略是审核员在现场为收集足够的客观证据而采取的审核方法，审核策略可根据不同的审核目的、要求、对象和实际情况来选用，既可独立使用，也可交叉使用。运用的有效性，主要取决于审核员的个人素质、经验、技巧等。

1. 信息源

审核时，可选择的信息源包括：

（1）与受审核部门人员和其他相关人员面谈获取的信息。

（2）对活动、工作环境和周围条件的观察，如车间的温度、噪声、粉尘等；

（3）相关的文件和信息，如质量方针、质量目标、质量计划、程序规范、作业指导书、标准、图纸、合同、订单等。

（4）相关记录，如过程记录、检验记录、会议记录、报告、方案、监视和测量结果等。

（5）其他方面的信息，如顾客反馈、外部评价、行业排名等。

2. 审核方式

扫一扫看微课视频：审核员的职业素养

现场审核时，可采取的审核方式主要有以下几种。

1）面谈

通过与最高管理者、管理者代表和各职能部门领导面谈，可以确认其对各自职责的理解和落实情况；与组织员工的交谈可以判断出他们对程序文件和作业指导书中要求的熟悉程度和执行情况，收集证据，从而判断质量管理体系的实施情况。面谈是现场审核中常用的一种方式。

图 5-2　面谈示例图片

面谈的几个方面和方式：

面谈一般围绕以下几个方面：什么目的、什么时间（When）、什么地点（Where）、谁来做（Who）、做什么（What）、怎么做（How）、为什么这么做（Why），其核心为 5W1H。

常用的提问方式有：

（1）开放式提问，如日常设备管理你们是怎么做的？

（2）封闭式提问，如检验不合格的产品要返工吗？

（3）重复式提问，如刚才你说培训记录没保管，是吗？

（4）假设式提问，如万一产品不合格，怎么处理啊？

（5）讨论式提问，如你觉得增加这阶段的设计验证会怎么样？

提问时，审核员需注意：考虑被提问对象的性格特点，说话不带情绪，语速不要快，不要连珠炮式发问，不能建议或暗示某种答案，提问结束后表示谢意。

面谈过程中要重视的问题：

（1）面谈地址应选在面谈人正常工作的时间和工作地点进行。

（2）在面谈时应解释面谈和做记录的原因，不要给被面谈人施加压力。

（3）面谈可通过请对方描述其工作和工作职责开始。

（4）应当避免提出有倾向性答案的问题。

（5）面谈结束后，应与对方总结和评价面谈的结果。

2）聆听

学会聆听，对审核员来说非常重要。在审核过程中，审核员要营造出有助于审核的融洽氛围，通过聆听对方的答案从中获得有价值的信息，以得到客观的审核发现。

审核员在聆听时应做到真诚、专注、认真，少讲多听，不怕沉默；多提开放式问题，以鼓励对方发言；同时，在对方偏离主题时及时拉回；在周围有其他人插嘴或环境嘈杂时，要善于排除干扰，做出成熟、专业的反应。

图 5-3　聆听示例图片

3）查阅文件和记录

现场审核过程中经常利用查阅文集、记录的方式追溯体系运行情况，收集审核证据，这也是信息的来源之一。

审核中需要查询的主要文件和记录包括质量手册、程序文件、作业指导书和质量记录表格等，如文件控制程序、预防与纠正措施记录、内审记录、管理评审报告、不合格报告、工艺规范、检验规程、设计图纸、材料清单等。现场审核可通过查阅文件和记录的方法进行抽样调查，验证信息的客观性，寻找质量管理体系运行的证据。如：

（1）文件的发布和更改是否被批准，文件是否为有效版本；

（2）技术图纸、工艺和检验规范是否经过审批；

（3）各项作业是否按程序的规定执行，是否符合要求；

（4）监测器具、检定证书是否在有效期范围内；

（5）证书、报告、市场反馈、顾客意见等各种记录是否符合要求；

（6）是否运用数据分析方法，分析效果是否准确、有效；

（7）纠正、预防措施的实施效果如何，管理方案及应急应对措施的实施如何。

在查阅文件和记录时，可能会发现一些在文件和记录管理、规范使用等方面存在不符合标准的现象，如缺少标准，或缺少实际工作所必须的文件，对外文件未有效控制，记录的填写、保管出现漏洞等。

由于组织的文件和记录较多，不可能一一查阅，审核员只能采用抽样的方法，选取有代表性的样本进行审核，不应把过多的精力用在对文件和记录管理的审核上，而是应该注重对过程的监控、过程环节和过程结果的审核，以获得过程运作和管理效果的信息。

4）观察

观察是审核员利用感观、敏感性及专业知识，在工作和生产现场观察实际工作是否遵守程序文件和作业指导书的要求。在现场审核时，审核员应有足够的时间深入生产一线去观察和调查，此时往往能收集到更多真实的审核证据，验证受审核部门设备、设施、环境等是否具备满足要求的能力。如：

（1）与法律法规、行业规范的符合程度；

（2）关键过程控制的可靠性；

（3）生产现场的工作条件：噪声、温度等；

（4）生产现场的设备设施完好情况、产地区域划分是否明确；

（5）生产现场是否按设计图纸、工艺卡、操作规程等要求进行制造加工；

（6）车间在制造零件、原材料的状态标识是否清晰、完整；

（7）仓库管理的财、卡、物的堆放、标识、防护情况是否符合规定；

（8）监视、测量仪器设备的校准状态情况；

（9）产品的运输、存放、标识等情况是否符合要求。

5）重复验证

在现场审核中审核员经常会采用重复的方法来对审核发现的相关信息做进一步的追溯、分析和确定。如：

（1）抽取已检验过的产品重新检验，通过结果的再现，验证检验的准确性；

（2）重复某项接待的行为，验证其服务的规范化；

（3）重复监测仪器的校准和操作；

（4）可追溯性的实现等。

可以根据需要，通过必要的重复活动验证特殊工种人员的能力，通过重复某些过程，以证实设备、设施和环境等资源配置满足需要、符合规定的要求，证实过程控制的效果和有效性。但是应注意，重复验证应根据需要和可能而定，对于代价高、成本高、风险大、不具备重复条件的活动，尽可能不采用重复验证的方法。可通过其他可行、经济的方法达到证实目的。

6）审核记录

在现场审核过程中，审核员应及时做好审核记录，记录下审核中所看到的、听到的各项有用的真实信息，作为编制不符合项报告、审核报告和做出审核结论的真凭实据；作为查问、追溯的依据。

审核记录要求：真实、准确、清晰和简明；记录应包括时间、地点、被访问人员、被调查的人员及见证人的职务和岗位、文件名称、产品批号、物资标识、设备编号、合同编号、陈述人等。需要注意的是，应当场记录，尽量避免事后追记，以防内容不准确和遗漏。

审核记录的格式，没有统一要求，一般由各个组织自己制定。

现场审核的方法，归纳起来，就是提问、倾听、查阅、观察、记录，即要嘴动、耳动、手动、眼动、脑动；在这个过程中，手一直在不停地记录，头脑要不停思考，以分析和做出判断。如有需要追踪或到其他部门追踪的问题，都要记录，以便自己或通知在其他部门的审核员下一步进行结论总结。

学习任务 5-3　审核沟通

扫一扫看微课视频：审核中的沟通

学习情境描述

在现场审核时，可能会出现各种各样的情况，根据审核范围和负责程度，在审核中可能有必要让审核组和与受审核部门直接进行沟通，因此，审核中要对信息的沟通做出安排。

? 问题引导 1：审核过程中出现什么情况需要做沟通？____。

? 问题引导 2：每一类沟通的参与人是谁？沟通包括什么内容？____。

学习目标

（1）能够说出审核过程中需要的几类沟通。

（2）能够掌握沟通的目的及内容。

学习情境的相关知识点

在审核过程中，审核组应定期讨论、交流审核中的信息和有关情况，使审核顺利进行，以便审核组长全面掌握、评定审核的进展，也可以提高审核工作的有效性。需要时，应及时调整审核计划，重新分配审核组成员的工作。

在审核过程中，审核组长应根据需要定期向受审核部门、管理者代表通报审核进展和相关情况，在审核中收集的审核证据显示发生重大风险的可能时，应当及时报告受审核部门，适当时向最高管理者报告。

审核组的内部沟通可通过内部会议和向审核组长汇报的形式进行，审核中的外部沟通可通过与管理者代表、受审核部门人员的交流、讨论、确认、报告、通报等形式进行。

知识点 1：内部会议

审核组内部会议是现场审核过程中的重要活动。根据召开时间可分为审核前的准备会、审核过程中的小结会、末次会议前的内部会。这些会议由审核组长组织，根据审核的需要适时召开。

1. 准备会

会议时间：现场审核前，审核组长根据需要决定是否召开。

目的：使审核组全体成员了解审核的目的、范围、准则、受审核方的情况，以及审核中所承担的任务，为完成审核任务做好充分准备。

参加人员：审核组成员。

会议内容可包括：

（1）受审核部门的情况、特点的介绍；

（2）涉及的法律法规、相关的技术标准等；

（3）受审核部门产品形成、服务提供过程的介绍；

（4）文件审核的情况汇报；

（5）审核计划和分工；

（6）讨论有关审核的事宜；

（7）通过审核中应注意的事项等。

2. 小结会

会议的时间：审核组长认为有必要时，每天审核后召开。

（1）参加人员：

① 审核组成员；

② 必要时，需要受审核部门代表参加。

（2）目的：

① 汇总审核员从不同信息源收集的审核证据，形成审核发现。

② 审核组沟通已审核的信息，以便审核人员交流审核情况，评审审核发现，统一对审核发现的看法；

③ 对审核中出现的异常情况、疑点或发现线索的进一步查证落实，做出协调安排；

④ 确认审核计划实施情况，必要时调整次要审核安排；

⑤ 必要时与受审核部门沟通审核情况，以便顺利完成审核工作；

（3）会议内容：

① 由审核员介绍一天的审核进展情况和审核发现；

② 交流有关的审核信息；

③ 讨论审核发现，确定不符合项及程度；

④ 向审核组长汇报审核中遇到的疑点或线索，提出相应的意见；

⑤ 审核组长可根据审核的进度和需要，适当调整审核计划；

⑥ 审核计划的调整必须经过认证或注册机构和受审核部门确认；

⑦ 必要时，可将内部会议的结果通报给受审核部门；

⑧ 征求各部门对审核工作的意见。如果受审核部门人员对审核发现有异议，审核组长应协调解决分歧的问题，否则应记录尚未解决的问题或根据需要进一步核实。

知识点2：与受审核部门必要的沟通

以下情况审核组需要及时跟受审核部门进行沟通：

（1）审核发现的概况，包括可能构成不符合项的事实。

（2）审核中可能发现需要对审核计划进行调整。

（3）必要时，审核组与受审核部门对不符合、严重不符合进行讨论和确定。与受审核部门评审不符合，一方面可以确认不符合事实的准确性，另一方面可使受审核部门理解不符合所反映的问题和审核准则要求。如果双方对审核发现有分歧，应努力解决，确认审核证据的准确性。维持或修改原审核发现但未解决的分歧，应予以必要的记录。

（4）审核中遇到的障碍。

（5）对质量管理体系的评价及审核记录的交流和沟通。

（6）通常审核组长还应在末次会议前就审核组内部会议讨论情况和结论意见与受审核部门代表进行交流和沟通，避免受审核部门对审核组在末次会议上公布的审核发现及审核结论感到意外和惊讶。此项沟通对顺利完成现场审核是非常有益的。

图5-4　沟通示意图片

学习任务 5-4　审核发现

扫一扫看微课视频：审核发现

学习情境描述

审核的目的是找出不符合，寻求改进，让组织管理更加科学。审核员严谨在审核过程中发现某工厂车间墙角堆放着一箱货物，严谨问："这箱子里是什么啊？"操作员陈翔回答："这是顾客放我们这儿的元器件，以后要安装在他们的产品上。"严谨又问："客户的元器件我们验证了吗？"陈翔回答："这个不需要验证，他们提供的元器件，自己负责质量，我们不用验证。"以上事实是否存在不符合，严谨应该如何处理呢？

? 问题引导 1：审核员在发现不符合时应该如何处理？____。

? 问题引导 2：不符合报告有固定撰写要求吗？____。

学习目标

（1）能够说出审核发现的定义。

（2）能够掌握撰写不符合项报告的内容和要求。

任务书

根据学习情境中描述的案例，找出不符合事实，按照审核发现的要求编写不符合项报告。

任务分组

不符合项编写活动安排如表 5-1 所示。

表 5-1　不符合项编写活动安排

<table>
<tr><td>班级</td><td></td><td>组号</td><td></td><td>指导老师</td><td></td></tr>
<tr><td>组长</td><td></td><td>学号</td><td colspan="3"></td></tr>
<tr><td rowspan="4">组员</td><td>姓名</td><td>学号</td><td>姓名</td><td colspan="2">学号</td></tr>
<tr><td></td><td></td><td></td><td colspan="2"></td></tr>
<tr><td></td><td></td><td></td><td colspan="2"></td></tr>
<tr><td></td><td></td><td></td><td colspan="2"></td></tr>
<tr><td>任务分工</td><td colspan="5"></td></tr>
</table>

任务准备

（1）分析案例中的不符合事实，找出不符合的点。

（2）与 ISO 9001 质量管理体系要求进行比对，找出不符合条款。

任务实施

根据要求，撰写不符合项报告，如表 5-2 所示。

表 5-2 不符合项报告

年 月 日

不符合项报告 观察报告 公司：______________公司 受审核部门：__________________审核员：_____________ 审核所用标准和条款：____________________
分类：严重 一般 观察现象
不符合项/观察现象描述：

? 问题引导 1：不符合项事实描述是不是越详细越好？____。

? 问题引导 2：为引起重视，不符合分类是不是多写成严重？____。

小说明

审核发现是基于可获得的信息源，且审核具有抽样性，在首次会议上应做明确说明，所以当受审核方不认可不符合结论时，审核员应根据原则给予说明，但在不符合程度上应尽量考虑审核目的，给予综合评价，最终结果以持续改进组织的管理规范、促进组织发展为目的。

评价反馈

学生进行自评，评价自己是否完成不符合项事实调查，能否完成不符合项事实的编制，事实描述是否完成，条款是否合理、规范，有无遗漏。老师审核学生评价的内容包括报告格式是否规范，内容阐述是否正确、完整、合理，任务完成过程是否积极参与小组活动，是否具有良好的工作态度。

（1）学生自我评价，并将结果填入表 5-3 学生自评表中。

表 5-3　学生自评表

班级：	姓名：		学号：
学习情境 5	不符合项报告编制		
评价项目	评价标准	分值	得分
表格完整	不符合项报告填写完整，审核员、审核时间、受审核部门填写齐全	10	
条款比对	能正确找出对应条款，并简述条款内容	15	
不符合事实描述	能够简单明了地描述事实，陈述完整、不冗余、不拖沓	15	
不符合项分类选择合理	正确选择严重不符合、一般不符合和观察项	10	
任务态度	态度端正，无缺勤、迟到、早退现象	10	
任务质量	能按时按计划完成工作任务	10	
协调能力	与小组成员、同学之间能合作交流、协调工作	10	
职业素养	具备审核员独立思考、严谨认真、爱护公共设施等应具备的素养	10	
创新意识	在任务完成过程中，具有良好的学习习惯，思维活跃，能提出很有建设性的建议	10	
总分		100	

（2）学生以小组为单位，对上述学习情境的过程和结果进行互评，将互评结果填入表 5-4 学生互评表中。

表 5-4 学生互评表

学习情境 5	不符合项报告编制														
评分项目	分值	等级								评价对象（组别）					
										1	2	3	4	5	6
时间把握	8	优	8	良	7	中	6	差	4						
团队合作	8	优	8	良	7	中	6	差	4						
组织有序	8	优	8	良	7	中	6	差	4						
任务质量	8	优	8	良	7	中	6	差	4						
任务效率	8	优	8	良	7	中	6	差	4						
任务完整	10	优	8	良	7	中	6	差	4						
任务规范	16	优	8	良	7	中	6	差	4						
报告合理	16	优	8	良	7	中	6	差	4						
报告展示	10	优	8	良	7	中	6	差	4						
合计	100														

（3）教师对学生工作过程与工作结果进行评价，并将评价结果填入表 5-5 教师综合评价表中。

表 5-5 教师综合评价表

班级：		姓名：		学号：	
学习情境 5		不符合项报告编制			
评价项目		评价标准		分值	得分
考勤（10%）		无迟到、早退、旷课现象		10	
任务过程（65%）	报告完整	完整填写不符合项报告中的所有信息		10	
	事实描述	事实描述清楚、准确，没有冗余		10	
	条款比对	能够正确选择条款，且描述出与条款中哪些内容不符合		10	
	工作态度	态度端正，无偷懒、玩手机等现象		5	
	任务质量	能按时按计划完成工作任务		5	
	协调能力	与小组成员、同学之间能合作交流、协调工作		5	
	职业素养	具备审核员独立思考、严谨认真、爱护公共设施等应具备的素养		5	
	创新意识	在任务完成过程中，具有良好的学习习惯，思维活跃，能提出很有建设性的建议		5	
项目成果（35%）	任务完整	能按时完成任务		5	
	任务规范	按规范要求完成审核报告		10	
	报告合理	报告整体合理、美观		10	
	报告展示	能正确表达报告内容，汇报任务成果		10	
合计				100	
综合评价	自评（20%）	小组互评（30%）	教师评价（50%）	综合得分	

拓展思考题

（1）不符合项编制需要注意哪些问题？

（2）不符合项报告的编制人、交付人分别是谁？

（3）不符合项报告交付完是不是就可以了，是否有后续工作？

学习情境的相关知识点

审核发现是“将收集到的审核证据对照审核规则进行评价的结果”。审核发现包括不符合项、观察项和符合项。审核发现需表明符合和不符合审核准则。当审核目的有规定时，审核发现能识别改进的机会。

对现场审核中获得的不符合质量管理体系标准、法律法规、质量管理体系文件、合同要求等审核准则的审核发现，以书面报告的形式表示，即不符合项报告。与符合的审核发现一样，不符合的审核发现可能会出现不确定因素，因此审核组应与受审核部门一起评审不符合，以确认审核证据的准确性，也可帮助受审核部门理解不符合。如果双方对审核证据或审核方案存在异议，应努力解决这种分歧，并记录那些没有解决的不同意见。

5.4.1 不符合项报告的内容和要求

1. 不符合项报告的内容

不符合项报告的内容，一般应写明（需要时）：

（1）不符合事实的描述。

① 发生不符合项的区域（地点、位置）（Where）；

② 不符合事实发生的时间（When）；

③ 不符合的事实、结果（What）；

④ 谁说的或是谁做的（Who）。

⑤ 做出不符合判断所依据的审核准则（Why）

（2）不符合程度的描述（How）。

① 审核员、审核组长的签字；

② 受审核部门确认意见。

2. 编写不符合项报告的要求

（1）只陈述事实，不能用“我认为”“如果这样”“这说明”等语言进行分析、猜想、推测。

（2）应简单明了，让受审核部门理解发生了什么、问题的性质如何。

（3）报告中涉及的人员，一般不写姓名只注明岗位。

（4）事实描述清楚，便于追溯（可写出合同号、图纸号、设备号、检定证书号、零件号、标准/手册/程序/作业指导书的名称和日期等必要的细节）。

（5）准确地写出审核准则，便于受审核部门正确理解。分析原因、制定纠正措施。

3. 不符合项分类

对审核中发现的不符合项应按审核方案中的定义划分其程度，可分为严重不符合项和一般不符合项。对不符合项的分级通常会在有关的审核程序文件中做出规定。

（1）严重不符合项。

① 与审核准则、要求严重不符合；

② 结果可导致质量管理体系失效；

③ 不能确保所提供产品（服务）的质量符合要求，已导致了或可能导致严重后果；

④ 因违反审核准则的同类一般不符合项数量太多，造成的系统性失效等。

（2）一般不符合项。

① 与审核准则、要求轻微不符合；

② 违反质量管理体系要求的、孤立的、偶然的、轻微的事件；

③ 可能或已经造成的后果不严重、影响不大等。

案例 5-1　某家具厂为一公司生产了一批办公用木质家具，出厂前经检验全部合格，按照合同要求送货上门，交付给公司时发现，因在运输过程中受到雨淋，部分家具出现轻微变形现象，有的家具因碰撞出现了裂痕，部分镜子也破损了。审核员编制的不符合项报告见表5-6。

表5-6　不符合项报告

不符合项报告
不符合项报告 ~~观察报告（请划去一个不对的）~~ 公司：XYZ公司　　　　　　　　审核日期：2016 年 4月 15日 受审核部门：某家具厂　　　　　　审核员：张× 审核所用标准和条款：GB/T 19001-2015/ISO 9001:2015 标准条款 8.5.4
不符合项分类：~~严重~~　一般　~~观察现象（请划去两个不对的）~~
不符合项/~~观察现象~~描述： 家具厂在交付家具时，运输过程因受雨淋，部分家具出现轻微变形现象，有的家具因碰撞出现裂痕，部分镜子也破损了。 以上事实不符合ISO 9001:2015中 8.5.4条款：组织应在产品内部处理和交付到预定的地点期间对其提供防护，以保持符合要求。适用时，这种防护应包括标识、搬运、包装、储存和保护。 受审核部门代表：王××　　日期：2020-4-15
不符合项发生原因： 1．运输部在家具运输过程中未进行防护，镜子未垫软布。 2．运输前的检查不到位。 责任人/日期：蒋××/2020-4-20
纠正与预防措施计划（包括措施完成日期及责任人） 1．对运输部人员进行现场培训，按照《家具运输规范》进行现场操作练习。 2．安排运输规范检查表，责任到人，要求检查人不得是装车人。 3．定期统计运输过程中的破损数据，做到持续改进。 责任部门：运输部　　负责人/日期：蒋×× /2020-4-27

续表

措施与实施完成情况： 改善效果可行 填写人/日期：陈×/2020-6-28
纠正措施的验证： 经书面验证已完成！ 审核员： 张× 日期：2020-6-31

不符合项报告是审核员编写的，原因分析、纠正措施是受审核部门制定的，纠正措施的评审及效果验证一般由审核员来实施。

并非所有的与审核准则不符合的审核发现，都要写出不符合项报告。对于偶然的、孤立的现象，且未造成也不会导致不良后果，在现场已迅速纠正的，就不一定要写出不符合项报告，如操作工将某日某班的生产记录表上交值班主任后，值班主任没有签字等。

5.4.2 观察报告

在现场审核过程中，审核员会接触和收集到大量的信息。有时候这些信息已经足以帮助审核员对一项活动是否符合要求、是否有效做出判断，但有时会遇到一些证据不够充分，不能确定是否构成不符合项的事实，审核员应对这些信息的重要性做出判断，如果认为比较重要，可以进行进一步的追踪调查。

如出现以下情况：

（1）公司关于产品尚未得到检验合格单的情况下是否允许放行？是否有规定？

（2）公司放行尚未得到检验合格证的产品，放行审核的权限是如何规定的？是否取得了顾客同意？

（3）是否有产品放行的批准证据？

（4）本批货物的最终检验是否进行中？

（5）如何发现不合格？是否有能力追溯产品？追溯方法如何？

（6）检查过去是否有过此类情况出现，结果如何？

（7）与部门负责人与有关责任人员探讨。如何进一步加强管理产品最终检验和放行工作的问题，确保满足顾客的要求，提高顾客满意等。

大多数这样的事实经过追踪都能得到符合与否的结论，但由于审核的时间限制、审核期间所收集到信息的局限性等因素，确实也有一些事实经过追踪后难以做出判断。对那些证据不够的、不足以确定为不符合项，但可能造成不良后果的事实，可写成观察报告，以提醒受审核部门注意。

观察报告仅供受审核部门参考，不要求受审核部门一定要进行原因分析、采取纠正措施和预防措施，审核员也不对其进行跟踪验证，但可能在下次审核时继续进行这方面的审核。

学习任务 5-5 审核结论及审核报告

学习情境描述

审核结论是指审核组考虑了审核目的和所有审核发现后得出来的审核结果。基于前期众多的审核发现，审核组现在需要给出一个结论，完成审核报告。

? 问题引导 1：审核结论应该考评哪些因素给出？____。

? 问题引导 2：谁负责编制审核报告？____。

? 问题引导 3：审核报告给出前是否需要再次沟通？____。

学习目标

（1）了解审核结论的流程及目的。

（2）了解审核报告的一般格式及内容。

学习情境的相关知识点

知识点 1：审核组内部会议

审核组应当根据需要在审核的适当阶段共同评审审核发现，应当汇总与审核准则符合和不符合的情况，指明所审核的场所、职能或过程需要改进的问题，提出质量管理体系改进的机会。在末次会议前，审核组应当召开内部会议，准备审核结论。

1. 审核组内部会议的时机和目的

审核组内部会一般是在审核组现场审核按计划全部结束以后召开。

内部会议的目的：

（1）汇总审核结果；

（2）评审审核发现；

（3）确定审核结论。

2. 审核组内部会议的内容

会议内容包括：

（1）交流、汇总、分析、归纳、总结在文件评审、现场审核中的所有审核信息。

（2）针对审核目的，评审审核发现。

（3）确定审核发现，包括不符合项及其不符合的程度。

（4）考虑审核过程中固有的不确定因素，对审核结论达成一致。

（5）编写不符合项报告。

（6）通过汇总分析审核发现而得到的对组织质量管理体系的总体评价。这种评价意见一般包括：

① 质量管理体系与审核准则的符合程度；

② 质量管理体系的有效实施、保持和改进；

③ 内部审核和管理评审过程确保质量管理体系持续的适宜性、充分性、有效性和改进的能力等。

（7）确定对认证、注册的建议。

（8）需要时，确定组织内各部门的改进机会（但不包括具体的改进方法或建议）。

（9）编写审核报告及相关文件。

（10）如果审核目的有规定，准备建议性的意见。

（11）准备末次会议。

（12）如果审核计划有规定，讨论审核后续活动。

3. 质量管理体系评价应考虑的因素

（1）评价质量管理体系的符合性时应考虑：

① 文件化管理体系与 GB/T 19001—2016/ISO 9001 标准的符合性；

② 质量管理体系与组织的实际情况的符合性；

③ 质量管理体系与顾客要求的符合性。

④ 质量管理体系与法律法规的规定和其他要求的符合性；

⑤ 组织所建立的质量管理体系文件与组织的员工实际情况的符合性；

⑥ 质量管理体系运行中各过程的控制和各部门或人员的活动与有关规定的符合性。

（2）评价质量管理体系有效性时应考虑：

① 质量方针和质量目标的实施和实现情况；

② 人力资源、基础设施、工作环境满足要求的能力；

③ 主要过程和关键活动达到预期结果的情况；

④ 产品与顾客、法律法规和预期用途要求的符合性和稳定性；

⑤ 内部审核、管理评审、纠正、预防措施等自我完善机制的有效性。

（3）评价质量管理体系的充分性时应考虑：

① 质量管理体系策划和过程确定的充分性；

② 质量方针和质量目标的充分性；

③ 资源提供的充分性；

④ 组织结构和职责安排的适宜和充分性；

⑤ 内部审核和管理评审安排和实施的充分性。

知识点 2：审核结论

审核结论是审核组考虑到审核目的和所有审核发现后得出的审核结果。审核结论一般包括：

（1）审核组对受审核部门质量管理体系的总体评价；

（2）审核组对体系改进的建议。

审核组通过汇总分析审核发现而得到的对质量管理体系的总体评价。这种评价建议一般包括：

（1）质量管理体系与审核准则的符合程度；

（2）质量管理体系的有效实施、保持和改进；

（3）内部审核和管理评审过程确保质量管理体系持续的适宜性、充分性、有效性和改进能力等。

通过审核结论可作为审核报告的一部分内容体现。

审核组长在做出审核结论时应考虑：

（1）文件评审结论；

（2）组织质量管理体系对标准要求的应用，包括删减的过程和正当理由；

（3）全员质量意识和对满足顾客与法律法规要求重要性的认识程度；

（4）与标准符合性的正面客观证据；

（5）是否有严重缺失和系统问题，管理体系是否总体运行有效；

（6）法律法规的执行情况；

（7）顾客满意的信息；

（8）不符合项对管理体系运行有效性的影响程度。

知识点3：审核报告

审核组长应对审核报告的编制和内容负责。审核报告应当提供完整、准确、简明和清晰的审核结论。

1. 审核报告的内容

审核报告通常包括以下内容：

（1）识别标志；

（2）审核组长及成员；

（3）审核目的；

（4）审核范围，包括受审核的部门、实际位置、组织单元、受审核的活动和过程、审核所覆盖的时期等必要信息；

（5）审核准则；

（6）审核概述，包括现场审核活动实施的日期、地点等；

（7）审核发现；

（8）审核结论。

通常将审核过程中形成的记录和报告以附件的形式附在审核报告中，如不符合项报告、观察项报告、文件评审报告、审核计划、首末次签到表、其他有关说明材料等。

2. 审核报告的写作要点

（1）一般由审核组长起草，也可由其他审核员按组长的指示代为起草，但审核组长对报告的准确性和完整性负责。

（2）审核程序一般都规定了审核报告的格式。

（3）审核报告应清楚明了。要使用确切的语言，如实反映审核工作的做法和结果，观点应明确，叙述应得体，结论应客观、公正。

（4）预计受审核部门采取纠正措施的时间一项，是审核组长根据受审核部门存在问题的类型、严重程度、范围，已经受审核部门对采取纠正措施的承诺所决定的，以便于安排跟踪审核。

3. 审核报告的批准和分发

审核报告应由审核组长在规定的时间期限内提交，审核报告应当根据审核方案程序的规定注明日期，并经评审和批准。

审核报告的分发应经组织确定，审核报告应发给受审核部门。

案例 5-2 某单位的审核报告示例如表 5-7 所示。

表 5-7 内部审核报告

审核目的： 检查质量管理体系文件是否得到有效实施；验证质量管理体系的符合性和有效性，为质量管理体系的持续改进提供依据。
审核范围： 质量管理体系涉及的所有部门、过程和工作场所。 所覆盖的产品与服务： 水利水电、火电、核电等相关行业的科学（试验）研究、技术开发与转让、技术咨询与服务、仪器设备与软件开发、工程监测、工程检测和专利转让等；硕士研究生与博士研究生的教育管理。
审核准则： GB/T 19001—2015 标准、质量手册、程序文件、作业文件及国家和地方有关的法律、法规和标准。
审核日期： 2017 年 8 月 28—30 日
受审核部门： 院领导、院办公室、人事劳动教育处、科研管理与规划计划处、财务与资产管理处、监察与审计处、水资源所、防洪减灾所、水环境所、水利研究所、工程抗震研究中心、岩土工程研究所、结构材料研究所（研）、泥沙研究所、水力学研究所、遥感中心、水力机械试验室、综合事业部办公室、信息网络中心、研究生部、标准化中心
审核组长：汪小刚 审核员：邓湘汉、李锦秀、彭　静、邢义川、杨凌丽、刘玉龙、尤建青、李雪萍、 张学琴、黄诗峰、何　耘、蔡志新、黄丽清、宋　晖、杨月洁、刘春晶、 李　华、陈业平、于爱华、王剑影、齐　莹、王建文、王麟贻、朱梦熊、 王孝忠、左宗宽
审核过程综述： 依据 GB/T 19001—2016 标准的要求，2017 年 8 月 28—30 日按计划对全院进行了 2017 年度内部质量管理体系审核。 28 日上午召开了首次会议，审核组长、管理者代表汪小刚副院长对审核工作提出了要求。然后审核组分 4 个小组先后到 20 个部门和有关试验室进行了现场审核，并对院领导层进行了审核。审核组采用面谈、提问、现场查看、调阅文件资料等方式，对各部门体系运行情况进行了全面的检查，对提交的文件资料进行了认真审核，对以前审核中发现不合格项的纠正措施实施情况进行跟踪验证，对 2016 年管理评审提出的问题落实情况进行了检查，并对照文件规定，对各部门在体系文件运行过程中存在的问题开出了不合格项报告，对未来运行过程中可能会出现的问题也提出预防建议。 30 日下午末次会议前，汪小刚副院长召开审核组会议，各审核小组报告了分组审核情况。末次会议上聘请的审核专家提出了有关审核意见和建议，审核组报告了审核情况，汪小刚副院长作了总结讲话。

续表

不符合项统计与分析（包括数量、严重程度、特定部门优缺点、特定要素执行情况、存在的主要问题等）： 本次审核未发现严重不符合项，一般不符合项20个。按单位不符合项最多的为3项，最少的为0项。其分布详见附件《不符合项汇总表》。 一、审核过程中发现的不合格项主要集中在以下几个方面： 1．部门对标准和体系文件的学习还不够到位，致使实际工作与体系要求不相符； 2．个别部门文件清单缺少法律法规部分，记录清单还存在缺项、漏项等现象； 3．对“产品实现的策划”“监视和测量装置的控制”“过程的监视和测量”及“数据分析”等条款的过程控制尚有待加强，并须留下相应作证记录； 4．各部门建立质量目标，但部分单位对质量目标的实现情况提供不出考核证据； 5．院最终科研成果的交付、交付后的知识产权保护及成果保密等意识还比较薄弱，并缺乏有效防护措施。 二、改进的建议： 1．领导要高度重视质量管理工作，应进一步加大体系文件的宣贯及执行力度，使实际工作能够按标准程序进行； 2．各部门应对本部门质量体系运行情况进行内部审核，对本部门质量目标实现情况进行监督，将检查结果作为工作业绩的一项考核指标，加速目标实现的进程。
对管理体系的评价及结论（包括文化体系与标准的符合程度、实施效果、发现和改进体系运行的机制及措施等）： 质量体系运行内审结果表明，我院2017A/1版质量管理体系文件基本符合GB/T 19001—2016标准的要求，适合我院实际情况，各部门在日常工作中总体上能按照文件规定要求开展质量管理，日常管理工作的过程控制意识得到明显提高，管理工作也逐步规范化，以顾客为关注焦点的服务意识得到明显加强，并建立了纠正、预防不合格和持续改进的工作机制。一年来，我院未发生质量责任事故，也没有收到顾客对我院科研成果的投诉，项目能够顺利通过顾客和主管部门的审查、评估或鉴定、验收，科研成果质量稳定，现有范围内的顾客满意度调查结果显示，市场信誉良好。因此，总体来说，我院质量管理体系运行基本有效，内审过程中发现的不符合项对院质量管理体系的整体运行无大的影响，有关条款已经和有关部门领导进行了沟通确认，审核组也提出了整改意见，供各部门参考。
纠正措施要求： 各部门对本次审核不合格项要认真分析不符合原因，采取纠正措施，要求在9月20日前完成整改。
审核报告分发对象： 审核报告分发范围：院有关领导、体系覆盖的各部门。
审核报告的附件：　共2件，计 20 页 附件1：不符合项汇总表 2 页 附件2：不符合项报告计 20 页
审核组签字： 审核组长：　　　　　日期：　　　　　批准：　　　　　日期：

学习任务 5-6　末次会议及审核完成后续活动

学习情境描述

审核报告完成，审核还缺一步才能划上完整的句号：末次会议。审核仍有后续活动需要完成。

? 问题引导 1：末次会议的流程及内容是什么？____。

? 问题引导 2：末次会议结束是否意味着所有审核任务完成？____。

? 问题引导 3：审核一般有哪些后续工作？谁来完成？____。

学习目标

（1）能够说出末次会议的内容。

（2）能够掌握审核报告的编制方法。

（3）能够了解审核后续活动。

学习情境的相关知识点

知识点 1：末次会议

末次会议是审核组进行现场审核后，报告审核结果的会议，是审核过程中正式的和重要的活动。

1. 召开目的

报告审核发现和审核组的审核结论。

2. 召开时机

（1）通常是在有关审核的全部调查和沟通工作完成之后召开。

（2）会议由审核组长主持，按审核计划预定的时间举行。

3. 出席人员

（1）组织最高管理者、管理者代表、与审核范围覆盖的质量管理体系有关部门或过程中的管理人员。

（2）审核组成员。

4. 末次会议程序

（1）出席与会人员签到。

（2）感谢受审核部门的合作与帮助。

（3）重申审核的目的、准则和范围。

（4）重申审核是抽样调查活动。

（5）报告审核过程中发现的组织质量管理体系的优点和成绩。

（6）报告不符合项和观察报告。

（7）报告审核结论。

（8）解决审核过程中出现的分歧意见。审核组应当请受审核部门就审核发现发表自己的意见，包括提出质疑。如有分歧，应当进行讨论并尽可能予以解决。如未能解决，应详细记录。

（9）请受审核部门确认审核结果，并由受审核部门代表在不符合项报告等相关报告上签字确认。

（10）商定未尽事宜，包括对纠正措施实施效果跟踪等。

（11）适当时，应要求受审核部门对存在问题做出采取纠正措施的承诺，并与之对纠正措施机会的时间表达成共识。

（12）征求受审核部门对审核组的意见。审核组织应诚恳地征求受审核部门对审核组在审核过程中的意见。也可通过征求意见表，测量受审核部门对审核工作的满意程度。

（13）如果审核目的有规定，应提出改进建议，并强调该建议没有约束性。

5. 保留形成文件的信息

保留形成文件的信息，内容可包括：

（1）与会人员的记录；

（2）会议内容；

（3）审核组和受审核部门就有关审核发现和结论的所有不同意见进行讨论，并记录结果。

知识点 2：审核完成及后续活动实施

当审核计划中所有活动都完成，并分发了经批准的审核报告后，审核即告结束。审核后续活动通常不视为审核的一部分。

审核的相关文件应当按照有关审核程序、适用的法律法规或合同要求予以保存。这些相关文件可包括：

（1）审核过程中形成的记录；

（2）审核计划；

（3）检查表；

（4）审核发现记录；

（5）不符合报告；

（6）会议记录；

（7）审核报告。

审核完成之后，审核组成员及负责审核方案管理的人员应将上述信息予以保存。

相关文件适用时，审核结论可以指出采取纠正、预防或改进措施的需要。此类措施通常由受审核部门确定并在商定的期限内实施，不视为审核的一部分。

对审核中提出的不符合项，通常由受审核部门提出和实施纠正措施，再由审核员进行跟踪评审验证，以验证纠正措施的实施情况和有效性。

对纠正措施实施情况和效果的追踪审核一般包括两种方法：书面追踪和现场追踪。对于一般不符合项，如果受审核部门的纠正措施未对质量管理体系做较大调整，且根据受审核部门提供的书面材料（记录、文件等）即可判断其实施情况和有效性时，可采用书面方式进行评审和验证，然后根据审核方案管理程序的规定，确定在下次审核时是否需要再一次现场验证。对于必须进行现场验证的不符合项，应根据受审核部门采取纠正措施的有关实施信息，安排审核员到现场进行评审验证。严重不符合项一般采用现场跟踪审核方式验证纠正措施的有效性。

跟踪评审验证时，首先，审核员应对受审核部门产生不符合项所分析出的原因进行评价，以评估是否已分析出主要原因；其次，应对受审核部门针对这些原因所采取的纠正措施进行评价，以确认这些措施是否能达到防止类似问题再发生的目的，这时应特别注意“纠正”和“纠正措施”的区别，对那些仅仅是纠正不符合的措施不应接受，要求受审核部门重新采取措施。最后，再通过受审核部门提供的资料或审核员在现场获得的信息评价纠正措施实施的效果和有效性

对跟踪评审验证的情况，审核员将编写一份评审验证报告，报告中应附上对各不符合项采取纠正措施有效性的见证材料。

学习情境 6

质量管理体系的建立、实施和管理

教	本章节重点	质量管理体系的建立
	本章节难点	质量管理体系认证
	建议教授方法	将全课程系统地厘清，引导学生以受审核方的身份进行应用，完成体系架构
	建议学时	2 学时
学	推荐学习方法	小组讨论，结合全课程所学内容，体会组织体系架构的过程和体系认证的步骤
	学习目标	1. 掌握体系架构要点。 2. 了解组织体系认证的流程

扫一扫看本学习情景电子教学课件

学习任务 6-1　质量管理体系建立

扫一扫看微课视频：质量管理体系的建立、实施和管理

学习情境描述

作为质量管理人员，如果你所在的公司想通过 ISO 9001 质量管理体系认证，以提高市场竞争力，持续改进，提升顾客满意。

? 问题引导 1：如果领导将这项工作交给你，你是否了解体系架构的过程？____。

? 问题引导 2：要通过认证，组织自身需要完成哪些审核？____。

学习目标

（1）能够说出质量管理体系建立的阶段。

（2）能够撰写质量手册等体系文件。

（3）能够协助组织管理者完成内部审核。

（4）能够了解管理评审的要求。

学习情境的相关知识点

知识点 1：质量管理体系阶段

1. 建立质量管理体系的准备

1）召开全体员工大会

说明企业建立和实施质量管理体系的重要性。强调规范企业的开发、过程改进和重视产品和服务质量的必要性，以及通过 ISO 9000 质量管理体系对企业的好处，要求全体员工积极参与企业质量管理体系的建立和实施。

2）成立质量管理体系推行委员会，委任管理者代表

成立质量管理体系推行委员会，并在企业管理层中委任一名管理者代表。管理者代表将负责质量管理体系的建立、实施、认证和维持等工作。在 ISO 9001:2015 中，对管理者代表责任不做要求。

3）组织企业与质量有关的人员培训

组织企业所有与质量有关的人员参加培训班，学习 ISO 9000 族标准的主要内容，特别要求推行委员会的全体成员充分理解 ISO 9000 族标准，并能在企业质量管理体系的建立和实施中予以应用。

4）聘请咨询机构

如有必要，聘请咨询机构为企业建立和实施质量管理体系提供咨询，咨询内容可包括以下五点：

（1）体系策划。制订建立质量管理体系的实施计划，拟订组织机构职责，选定质量管

理体系要素。

（2）培训服务。ISO 9000 族标准的理解与实施；ISO 9000 质量管理体系文件的编写与实施；ISO 9000 质量管理体系审核。

（3）文件编写与实施。确定文件清单，帮助编写文件，审查及修订文件。

（4）体系运行及审核。实施体系文件、制订内审计划、实施内部审核、实施纠正、实施管理评审。

（5）认证申请。选定认证机构，进行认证前检查与准备。

企业可根据自己的情况，聘请咨询机构咨询上述全部或部分内容。

2. 质量管理体系的策划

在准备工作完成后，便可进行质量管理体系的策划。这一阶段的主要工作包括以下几方面。

1）调查企业组织现状

调查企业组织现状的目的是查清其与标准规定的质量管理体系所要求的组织结构之间的差距，以便采取措施，调整和完善现在的组织。需要查清的主要内容有：

（1）从事与质量有关的管理、执行和验证工作的人员，其职责、权限和相互关系是否明确，实施效果及存在的问题；

（2）正在开发或已经开发完成的项目，在开发过程中存在的影响质量的因素和主要问题；

（3）部门之间、上下级之间，以及与供应商之间的协调关系是否存在问题；

（4）组织所采取的各类国际、国内标准/规范，或企业内部标准规范是否适宜，其执行情况及存在的问题；

⑤ 各类管理、技术文件和报表及质量记录的适用性、完整性。

对上述情况分析汇总，形成企业组织现状报告。

2）制订实施工作计划

应把建立和实施企业质量管理体系的工作作为一个项目来管理。因此必须制订实施计划，内容包括分哪几个主要阶段、各项工作的要求和时间进度、每项工作的负责人和参加人员、各阶段费用及总的费用预算等。

3）确定质量管理体系

作为建立和实施企业质量管理体系工作的第一步，首先要确定适合于本企业的质量管理体系，最主要是推行 ISO 9001:2015 标准的范围和质量方针，以及有关标准删减的确定。

4）调整和完善企业组织

企业组织是实施质量管理的基本保证，它应该符合质量管理体系的要求，并结合企业的实际情况。因此，企业应根据组织的现状及实施质量管理体系的需要，调整现有的机构及其职能，并做到以下三点：

（1）对所有与质量有关的管理、执行和验证人员，特别是需要独立行使权力，防止、消除不合格和对不合格进行控制和处置的人员，都应明确其职责、权限和相互关系。

（2）配置从事管理、执行和验证活动所需的资源，如各岗位上与质量要求相适应的并经过培训合格的人员，必要的控制、管理和测试工具等。

（3）由管理者代表负责质量管理体系的建立和实施，并向企业最高管理者报告体系运行情况，及时处理影响体系运行的有关问题。

5）制定标准的实施方法

按 ISO 9001:2015 标准所规定的要求，并根据企业质量方针，确定质量管理体系应包含的过程。在确定好所要实施的全部过程以后，便可逐一分析每一个过程应包含的活动及所需的资源。列出所有活动的清单，供编写质量管理体系文件时使用。同时应制订获取资源的计划。

3. 编写质量管理体系文件

质量管理体系文件是描述质量管理体系的一整套文件，是质量管理体系运行的法规，也是质量管理体系审核的依据。

2015 版质量管理体系要求中需要编写的文件包括两类：本标准要求的形成文件的信息；组织确定的为确保质量管理体系有效性所需的形成文件的信息。相对于 2008 版质量管理体系要求，新标准删掉了应形成质量管理手册和程序文件的描述，而是均以文件信息代替，这样可以避免手册、程序文件和公司制度割裂开的问题。

2015 版质量管理体系标准要求的形成文件的信息共有 29 处，具体如表 6-1 所示

表 6-1　2015 版质量管理体系标准要求形成文件的信息

序号	标 准 要 求	形成文件的信息	
		文　件	记　录
1	4.3　确定质量管理体系的范围 组织的质量管理体系范围应作为形成文件的信息加以保持	W1	—
2	4.4　质量管理体系及其过程 4.4.2　在必要的程度上，组织应： a）保持形成文件的信息以支持过程运行； b）保留形成文件的信息以证实过程按策划执行	W2	J1
3	5.2　质量方针 5.2.2　沟通质量方针 质量方针应： a）作为形成文件的信息，可获得并保持	W3	—
4	6.2 质量目标及其实现的策划 组织应保持质量目标的形成文件的信息	W4	—
5	7.1.5　监视和测量资源 7.1.5.1　总则 组织应保留作为监视和测量资源适合其用途的证据的形成文件的信息	—	J2
6	7.1.5　监视和测量资源 7.1.5.2　测量溯源 a）对照能溯源到国际或国家的测量标准，按照规定的时间间隔或在使用前进行校准和检定，当不存在上述标准时，应保留作为校准或检定（验证）依据的形成文件的信息	—	J3

续表

序号	标准要求	形成文件的信息	
		文件	记录
7	7.2 能力 d）保留适当的形成文件的信息，作为人员能力的证据	—	J4
8	7.5 形成文件的信息 7.5.1 总则 组织的质量管理体系应包括： a）本标准要求的形成文件的信息； b）组织确定的为确保质量管理体系有效运行所需的形成文件的信息	—	—
9	7.5.3 形成文件的信息的控制 7.5.3.1 应控制质量管理体系和本标准所要求的形成文件的信息，以确保： a）无论何时何处需要使用这些信息，均可获得并适用； b）予以妥善保护（如防止失密、不当使用或不完整）	—	—
10	7.5.3.2 为控制形成文件的信息，适用时，组织应关注下列活动： a）分发、访问、检索和使用； b）储存和保护，包括保持可读性； c）更改控制（如版本控制）； d）保留和处置。 对确定策划和运行质量管理体系所必须的来自外部的原始的形成文件的信息，组织应进行适当识别和控制。 应对所保存的作为符合性证据的形成文件的信息予以保护，防止非预期的更改	—	—
11	8.1 运行策划和控制 e）在需要的范围和程度上，确定、保持和保留形成文件的信息： 1）证实过程已经按策划进行； 2）证明产品和服务符合要求	W5	J5
12	8.2.3 与产品和服务有关的要求的评审 8.2.3.2 适用时，组织应保留下列形成文件的信息： a）评审结果； b）针对产品和服务的新要求	—	J6
13	8.2.4 产品和服务要求的更改 若产品和服务要求发生更改，组织应确保相关的形成文件的信息得到修改	—	—
14	8.3.2 设计开发策划 j）证实已经满足设计和开发要求所需的形成文件的信息	—	—
15	8.3.3 设计开发输入 组织应保留有关设计和开发输入的形成文件的信息	—	J7
16	8.3.4 设计开发控制 f）保留这些活动的形成文件的信息	—	J8
17	8.3.5 设计开发输出 组织应保留有关设计和开发输出的形成文件的信息	—	J9

续表

序号	标准要求	形成文件的信息	
		文件	记录
18	8.3.6 设计开发更改 组织应保留下列形成文件的信息： a）设计和开发的变更； b）评审的结果； c）变更的授权； d）为防止不利影响而采取的措施	—	J10
19	8.4 外部提供过程、产品和服务的控制 8.4.1 总则 组织应基于外部供方提供所要求的过程、产品或服务的能力，确定外部供方的评价、选择、绩效监视以及再评价的准则，并加以实施。对于这些活动和由评价引起的任何必要措施，组织应保留所需的形成文件的信息	—	J11
20	8.5.1 生产和服务提供的控制 组织应在受控条件下进行产品和服务提供。适用时，受控条件应包括： a）可获得形成文件的信息，以规定以下内容： 1）所生产的产品、提供的服务或进行的活动的特性； 2）拟获得的结果	—	—
21	8.5.2 标识和可追溯性 若要求可追溯性，组织应控制输出的唯一性标识，且应保留实现可追溯性所需的形成文件的信息	—	J12
22	8.5.3 顾客或外部供方的财产 若顾客或外部供方财产丢失、损坏或发现不适合情况，组织应向顾客或外部供方报告，并保留相关形成文件的信息	—	J13
23	8.5.6 变更控制 组织应保留形成文件的信息，包括有关更改评审结果、授权进行更改的人员及根据评审所采取的必要措施	—	J14
24	8.6 产品和服务的放行 组织应保留有关产品和服务放行的形成文件的信息。形成文件的信息应包括： a）符合接受准则的证据； b）有权放行人员的可追溯信息	—	J15
25	8.7 不合格输出的控制 8.7.2 组织应保留下列形成文件的信息： a）有关不合格的描述； b）所采取措施的描述； c）获得让步的描述； d）处置不合格的授权标识	—	J16
26	9.1 监视、测量、分析和评价 9.1.1 总则 组织应保留适当的形成文件的信息，作为结果的证据	—	J17

续表

序号	标准要求	形成文件的信息	
		文件	记录
27	9.2 内部审核 9.2.2 组织应： f）保留作为审核方案以及审核结果的证据的形成文件的信息	—	J18
28	9.3 管理评审 9.3.3 管理评审输出 组织应保留作为管理评审结果证据的形成文件的信息	—	J19
29	10.2 不合格和纠正措施 10.2.2 组织应保留形成文件的信息，作为下列事项的证据： a）不合格的性质及随后所采取的措施； b）纠正措施的结果	—	J20

这些文件应按照 ISO 9001 标准的要求，并结合企业的实际情况进行编制。

4. 培养内审员

企业应根据具体情况，培养若干名内部审核员。内部审核员最好是在从事企业质量管理工作、有一定生产经验的人员中挑选，并经过严格的培训，以达到如下要求：

（1）掌握实施质量管理体系审核所依据的及相关的 ISO 9000 族标准；

（2）掌握实施质量管理体系审核所必须的知识和技能；

（3）遵守审核人员的行为准则：忠于职守、准确公正、尊重事实、不卑不亢。

企业贯彻 ISO 9001 标准并获得第三方质量管理体系认证后将获得质量管理体系认证证书。

图 6-1　质量管理体系认证证书示例图片

5. 质量管理体系运行

在完成上述各阶段的工作以后，便可进入质量管理体系试运行。本阶段的主要工作是：

（1）企业最高管理者审查并签发质量方针；

（2）企业最高管理者批准并签发质量手册；

（3）管理者代表（或其他分管质量的领导）签发程序文件；

（4）组织培训，使每个员工熟悉与本岗位有关的程序文件；

（5）进行岗位质量责任培训与考核；

（6）将各部门的各项与质量管理体系要求有关的活动纳入体系运行；

（7）运行中，有关质量管理体系文件存在的问题和不足，可按程序的规定修改。

6. 内部质量管理体系审核

内部质量管理体系审核是企业组织的自我审核，目的是确定所建立的质量管理体系是否符合企业质量手册和程序文件的规定，是否能正常运行及其对于实现企业质量方针的有效性。

内部质量管理体系审核由管理层委派的审核组进行，审核组成员应是组织内部审核员，必要时可以聘请外部审核员。在申请质量管理体系认证之前至少要进行过一次内部质量管理体系审核。

7. 管理评审

管理评审是由企业最高管理者根据质量方针和目标，对质量管理体系现状和适应性进行的正式评价。管理评审的依据是相关方的期望，如市场和顾客的需求、领导和员工的期望等，以及内部质量管理体系审核的结果。

管理评审组由企业的最高管理者任组长，成员是管理层人员及与质量有关的职能部门的负责人。管理评审会议，一般一年召开两次，定期召开，必要时，可随时组织进行。在申请质量管理体系认证之前必须进行管理评审。

学习任务 6–2 质量管理体系认证

1. 质量管理体系认证前的准备

1）选择认证机构

选择认证机构主要考虑以下几点：

（1）该认证机构是否已被国家认证机构认可；

（2）该认证机构的注册专业范围是否覆盖本企业申请注册的专业范围；

（3）该认证机构的权威性和信誉；

（4）不可选择向本单位提供咨询的机构作为认证机构。

2）对质量管理体系文件的全面清理

质量管理体系文件是质量管理体系的具体体现，是质量管理体系审核的主要依据之一。因此，接受审核前有必要对企业的质量管理体系文件做一次全面清理，并要求有关文件和记录放在可让审核组随时拿到的地方。

3）有关接受审核的教育培训

有关接受审核的教育培训，要明确质量管理体系审核的目的、意义，审核过程中应注意哪些问题，如何积极主动地配合审核组的工作等。

4）接受审核前的其他审核准备工作。

接受审核前的其他审核准备工作：

（1）将审核的目的和范围通知有关人员；

（2）指定负责陪同审核组成员的工作人员；

（3）为审核组提供所需的资源（包括办公场所和设备）做好准备等。

2. 质量管理体系认证

质量管理体系认证就是由认证机构对企业进行的外部质量管理体系审核。企业在通过认证后，获取 ISO 9001 质量管理体系标准认证证书。

企业通过了认证机构的质量管理体系审核，取得质量管理体系认证证书，仅说明该企业的质量管理体系已基本符合所选用的 ISO 9001 标准的要求。

通过审核后，企业须坚持内部质量管理体系审核及管理评审，认证机构则通过监督审核，以保持其质量管理体系的持续有效性。

评价反馈

学生进行自评，评价自己是否完成认证分类判断，是否了解中国质量发展历史，是否掌握 ISO 9000 的含义，是否掌握 ISO 9000 的核心标准及其特点，是否具有良好的学习态度。

（1）学生自我评价，并将结果填入表 6-2 学生自评表中。

表 6-2　学生自评表

班级：	姓名：		学号：
学习情境 6	质量管理体系的建立、实施和管理		
评价项目	评价标准	分　值	得　分
上课情况	不迟到，不早退，上课不开小差	20	
线下学习	认真听讲，主动预习和复习课堂内容	20	
线下学习	能够主动完成线上慕课学习，完成讨论、作业及相关测试	20	
学习质量	学习积极主动，自制力较强	20	
学习成效	基本达到学习目标，掌握质量管理体系建立、实施和管理的基础知识	20	
总　分		100	

（2）教师对学生学习过程与学习结果进行评价，并将评价结果填入表 6-3 教师综合评价表中。

表 6-3　教师综合评价表

<table>
<tr><td colspan="3">班级：</td><td colspan="2">姓名：</td><td colspan="2">学号：</td></tr>
<tr><td colspan="2">学习情境 6</td><td colspan="5">质量管理体系的建立、实施和管理</td></tr>
<tr><td colspan="2">评价项目</td><td colspan="3">评价标准</td><td>分值</td><td>得分</td></tr>
<tr><td colspan="2">考勤（20%）</td><td colspan="3">无迟到、早退、旷课现象</td><td>20</td><td></td></tr>
<tr><td rowspan="7">任务过程（80%）</td><td>线下学习</td><td colspan="3">完成老师要求的作业，且质量较高</td><td>20</td><td></td></tr>
<tr><td>线上学习</td><td colspan="3">线上学习认真，作业、测试、讨论质量较高</td><td>20</td><td></td></tr>
<tr><td>学习态度</td><td colspan="3">态度端正，无偷懒、玩手机等现象</td><td>10</td><td></td></tr>
<tr><td>知识点掌握</td><td colspan="3">能准确回答问题，内容掌握熟练</td><td>10</td><td></td></tr>
<tr><td>职业素养</td><td colspan="3">具备审核员独立思考、严谨认真等应具备的素养</td><td>10</td><td></td></tr>
<tr><td>创新意识</td><td colspan="3">在任务完成过程中，具有良好的学习习惯，思维活跃，能提出很有建设性的建议</td><td>10</td><td></td></tr>
<tr><td colspan="5">合　计</td><td>100</td><td></td></tr>
<tr><td colspan="2" rowspan="2">综合评价</td><td>自评（50%）</td><td colspan="2">教师评价（50%）</td><td colspan="2">综合得分</td></tr>
<tr><td></td><td colspan="2"></td><td colspan="2"></td></tr>
</table>